니체와의 대화

니체와의 대화

초판 1쇄 발행 | 2021년 8월 27일

지은이 | 프리드리히 니체
옮긴이 | 박일귀
펴낸이 | 김채민
펴낸곳 | 힘찬북스
출판등록 | 제410-2017-000143호

주소 | 서울특별시 마포구 망원로 94, 301호
전화 | 02-2272-2554
팩스 | 02-2272-2555
이메일 | hcbooks17@naver.com
인스타그램 | @hcbooks_

ISBN 979-11-90227-15-5 03100
값 15,000원

FRIEDRICH NIETZSCHE

자신을 사랑하고 존경하라

프리드리히 니체 지음 | 박일귀 옮김

니체와의 대화

“도덕이란 허구이고, 현대인의 절대 가치는 금전과 이윤뿐이다.”

니체의 철학을 재미있게 이해하고, 나만의 철학을 직접 써 보는 시간!

HC books

머리말

서양 철학의 '위대한 거인' 니체
시대를 앞섰던 그의 사상을 이해하는 시간

프리드리히 빌헬름 니체는 "신은 죽었다."라는 말로 유명한 철학자다. 니체는 신을 인간의 삶을 파괴하는 요인으로 지목하고, 기존의 모든 권위와 가치를 깨부수었다. 이러한 그의 출현은 유럽의 철학사에 가장 큰 충격을 안겨 준 사건이었다. 그래서 그는 오랫동안 '망치를 든 철학자'로 불리며 비난과 배척의 대상이 되어 왔다. 하지만 지금은 니체에 대한 본격적인 재해석이 이루어져 현대 유럽 철학의 시조, 서양 철학의 가장 위대한 거인이라는 평가를 받고 있다. 니체의 사상은 실존주의와 포스트모더니즘에 가장 많은 영향을 끼쳤으며, 현대 철학의 근간을 마련했다.

니체는 아득한 수평선 너머 천년의 미래에 눈길을 보낸 선각자이자 예언가였다. 그는 19세기의 인물이면서도 19세기가 아닌 '미래를 위해' 사유했다. 그의 사상은 너무나 과격하고 앞서 있었기 때문에 동시대의 사람들은 이해하기 어려웠다. 그의 사상이 집약

된 대작 『차라투스트라는 이렇게 말했다』도 처음에는 선뜻 받아 주는 출판사가 없어서 자비로 출판해야 할 정도였다. 이 책은 니체가 죽은 후에야 대단한 명저가 되었다.

니체는 기존의 전통적인 규범들이 생의 활력을 빼앗아 간다고 주장했다. 종교에서 가르치는 겸손이나 순종 등의 소극적인 가치들이 더 이상 미덕으로 불릴 수 없다는 것이다. 니체는 신이 부재한다고 말하면서 그 대안으로 '초인'을 제시했다. 니체의 초인은 가치의 변화, 즉 낡은 가치의 신을 대신할 새로운 가치의 창안자다. 초인과 함께 니체 사상의 양대 축을 이루는 것이 '영원 회귀 사상'이다. 만물은 무한하고 영원한 시간 속에서 영원히 반복된다는 영원 회귀 사상은 불교의 윤회설과 닮아 있어 우리에게 친근감을 준다.

니체는 시대와 자신 사이에 가로놓인 운명적인 거리감을 자각하고 있었다. 누구도 이해해 주기를 기대할 수 없기에 오히려 자신의 생각을 거침없이 털어놓을 수 있었을 것이다. 따라서 고독은 니체의 삶에 필연적이었다. 게다가 평생을 따라다닌 온갖 질병으로 심한 고통을 감내해야만 했다. 하지만 그는 달아나지 않고 자기 앞에 주어진 운명과 맞서 불꽃같은 정열과 의지로 승리를 기약할 수 없는 싸움을 이어 나갔다.

이 책을 통해 니체 사상의 정수를 독일어 원문과 함께 만날 수 있을 것이다. 그의 사상이 집약된 잠언들을 곱씹어 보고 따라 써 보고 여러분만의 생각도 더해 볼 수 있을 것이다. 공허하고 추상적인 말로서의 철학이 아니라 삶과 직결된 지혜와 교훈으로서의 철학을 통해 어떻게 살아가야 하는지를 함께 생각해 보는 기회가 되기를 바란다.

옮긴이 씀

차례

PART 1

자기 자신과 가장 가깝고도 먼

- '인간'에 관한 38가지 잠언들

001

인간에게 건강, 음식, 집, 쾌락 같은 모든 것을 주어도 그들은 여전히 행복하지 못하고 만족도 못 느낄 것이다. 그들 속에 있는 마의 존재가 모든 것을 끝없이 채워주기를 바라고 있기 때문이다.

마의 존재를 만족시키기 위해 그들에게서 모든 것을 빼앗는다면 어떨까? 분명 그들은 대부분 행복할 것이다. 인간과 마의 존재가 행복해질 수 있는 최대한의 선까지.

하지만 나는 왜 또다시 이런 말을 하는가? 루터가 나보다 이미 훌륭하게 다음과 같이 말했는데 말이다.

"그들이 우리에게서 몸, 돈, 명예, 아이, 아내를 빼앗더라도 그저 가만히 있으라. 하지만 '왕국'만은 남아 있어야 한다."

그렇다! 그렇다! '왕국'만은!

– 『아침놀』

002

만약 인간이 창조하는 자 혹은 수수께끼를 풀어내는 자가 아니고, 또한 우연을 구제할 수 있는 자가 아니라면 나는 내가 인간이라는 사실을 어떻게 견딜 수 있을 것인가?
과거의 인간들을 구제하고, 모든 '그랬었다'를 '나는 그렇게 되기를 바랐다'로 바꾸는 것. 나에게는 그것만이 구제리라.

– 『차라투스트라는 이렇게 말했다』

*Und das ist all mein Dichten und Trachten, dass ich in Eins dichte und zusammentrage, was Bruchstück ist und Räthsel und grauser Zufall. **Und wie ertrüge ich es, Mensch zu sein, wenn der Mensch nicht auch Dichter und Räthselrather und der Erlöser des Zufalls wäre! Die Vergangnen zu erlösen und alles „Es war“ umzuschaffen in ein „So wollte ich es!“ — das hiesse mir erst Erlösung!***

003

인간은 폭력적인 성향이 있어서 누군가를 공격하는 것이 아니다. 단지 자신이 힘을 얼마나 지녔는지, 또 자신의 힘이 얼마나 영향을 미치는지 알고 싶어서 공격하는 경우가 다반수다.

-『인간적인, 너무나 인간적인』

Allein-sein pflanzt Uebermuth. Junge Leute sind anmaassend, denn sie gehen mit Ihresgleichen um, welche alle Nichts sind, aber gerne viel bedeuten. ***Man greift nicht nur an, um Jemandem wehe zu thun, ihn zu besiegen, sondern vielleicht auch nur, um sich seiner Kraft bewusst zu werden.*** *Personen, welche unsere Vorsicht im Verkehr mit ihnen durch Schmeicheleien betäuben wollen, wenden ein gefährliches Mittel an, gleichsam einen Schlaftrunk, welcher, wenn er nicht einschläfert, nur um so mehr wach erhält.*

004

인간이라는 존재는 필연이자 숙명이다. 인간은 전체 안에 귀속되어 있다. 전체 바깥에는 그 무엇도 존재하지 않으므로 인간이라는 존재를 판단하거나 측량하거나 무엇과 견주거나 정죄할 수 있는 것은 아무것도 없다. 위대한 해방은 이제 그 누구도 책임져야 할 필요가 없다는 사실, 이 세계가 지각 중추나 정신으로서 단 하나로 되어 있지 않다는 사실이다. 이를 통해 생성의 무죄가 본래대로 돌아온다.

-『우상의 황혼』

Man ist nothwendig, man ist ein Stück Verhängniss, man gehört zum Ganzen, man ist im Ganzen, — es giebt Nichts, was unser Sein richten, messen, vergleichen, verurtheilen könnte, denn das hiesse das Ganze richten, messen, vergleichen, verurtheilen. Aber es giebt Nichts ausser dem Ganzen!

005

모든 인간은 자기 자신에게서 가장 먼 존재다.

-『도덕의 계보학』

니체는 가족 중 유일한 남자였다?

니체는 태어날 때부터 부모님과 할머니, 고모 두 명과 함께 살았다. 아래로는 여동생 엘리자베스와 남동생 요셉이 태어났다. 목사였던 아버지의 영향으로 집안 분위기는 엄격했다. 하지만 니체가 다섯 살 때 아버지는 뇌연화증으로 생을 마감했고, 다음 해에는 남동생마저 세상을 떠났다. 이제 가족 중 남자는 니체밖에 없었다. 아버지의 관심과 사랑을 충분히 받지 못한 니체는 여성들의 영향을 많이 받으며 자랐다. 이 때문에 섬세하고 예민한 감수성을 키워 나갈 수 있었다. 하지만 긍정적인 영향만 있었던 것은 아니었다. 어머니는 남편을 일찍 떠나보내서인지 장남에 대한 집착이 심했고, 여동생도 아버지의 빈자리를 오빠를 통해 채우려 했다. 이와 같은 성장 배경은 훗날 니체의 사상에 큰 영향을 끼친다.

006

인간은 짐승과 초인을 연결하는 밧줄이다. 이 밧줄은 심연 위에 길게 걸쳐져 있다. 저편으로 건너가는 과정도 위험하고, 뒤돌아보는 것도 위험하고, 두려워서 벌벌 떠는 것도 위험하고, 밧줄 위에 그대로 멈추는 것도 위험하다. 인간이 위대한 이유는 목적이 아닌 다리(bridge)이기 때문이다. 인간은 하나의 과정이자 몰락이기 때문에 마땅히 사랑을 받아야 한다.

– 『차라투스트라는 이렇게 말했다』

Der Mensch ist ein Seil, geknüpft zwischen Thier und Übermensch, — ein Seil über einem Abgrunde. Ein gefährliches Hinüber, ein gefährliches Auf-dem-Wege, ein gefährliches Zurückblicken, ein gefährliches Schaudern und Stehenbleiben. Ich liebe Den, welcher arbeitet und erfindet, dass er dem Übermenschen das Haus baue und zu ihm Erde, Thier und Pflanze vorbereite: denn so will er seinen Untergang.

007

예전에 나는 위대한 사람과 왜소한 사람이 벌거벗고 있는 것을 보게 되었다. 두 사람은 서로 무척 닮았다. 가장 위대한 사람조차도 너무나 인간적이었다. 더없이 위대한 사람도 왜소하기는 마찬가지였다. 이러한 이유로 나는 사람에게 싫증을 느낀다.

-『차라투스트라는 이렇게 말했다』

*— „ach, der Mensch kehrt ewig wieder! Der kleine Mensch kehrt ewig wieder!“ —**Nackt hatte ich einst Beide gesehn, den grössten Menschen und den kleinsten Menschen: allzuähnlich einander, — allzumenschlich auch den Grössten noch! Allzuklein der Grösste! — Das war mein Überdruss am Menschen!** Und ewige Wiederkunft auch des Kleinsten! — Das war mein Überdruss an allem Dasein! Ach, Ekel! Ekel! Ekel! — — Also sprach Zarathustra und seufzte und schauderte; denn er erinnerte sich seiner Krankheit.*

008

인간은 행동을 약속할 수는 있지만 감정까지 약속할 수는 없다. 인간의 감정은 변화무쌍하기 때문이다. 한 사람에게 영원히 사랑하겠다거나, 증오하겠다거나, 충실하겠다는 약속을 서슴지 않는 인간은 자신의 힘이 미치지 못하는 일을 약속하는 것이나 마찬가지다.

– 『인간적인, 너무나 인간적인』

Man kann Handlungen versprechen, aber keine Empfindungen; denn diese sind unwillkürlich. Wer Jemandem verspricht, ihn immer zu lieben oder immer zu hassen oder ihm immer treu zu sein, verspricht Etwas, das nicht in seiner Macht steht; *wohl aber kann er solche Handlungen versprechen, welche zwar gewöhnlich die Folgen der Liebe, des Hasses, der Treue sind, aber auch aus anderen Motiven entspringen können: denn zu einer Handlung führen mehrere Wege und Motive.*

009

약속할 수 있는 동물을 키우는 것은 자연이 인간에게 부여한 역설적인 일이라고 할 수 있지 않을까? 이것이 진짜 인간에 관한 문제가 아닐까? 이 문제가 높은 차원에서 해결되었다는 사실은 '잊어버림'이라는 대항력을 중요하게 생각하는 사람에게는 더욱 놀랍게 보일 것이다.

-『도덕의 계보학』

Ein Thier heranzüchten, das versprechen darf — ist das nicht gerade jene paradoxe Aufgabe selbst, welche sich die Natur in Hinsicht auf den Menschen gestellt hat? Ist es nicht das eigentliche Problem vom Menschen? Dass dies Problem bis zu einem hohen Grad gelöst ist, muss Dem um so erstaunlicher erscheinen, der die entgegen wirkende Kraft, die der Vergesslichkeit, vollauf zu würdigen weiss.

010

개념 중 '손가락질할 만한 행동'은 수용하기 어렵다. 어떤 일이라도 발생 자체로는 손가락질할 만하지 않다. 그 행동 자체가 지워지기를 바랄 수는 없기 때문이다. 모든 것은 다른 것들과 연관되어 있으므로 하나의 행동이 지워지기를 바라는 것은 다른 행동도 함께 지워지기를 바라는 것이다. 결국 손가락질할 만한 행동이라 말하는 것은 온 세계를 손가락질하고 마는 것이다.

-『권력에의 의지』

Der Begriff „verwerfliche Handlung" macht uns Schwierigkeit. Nichts von alledem, was überhaupt geschieht, kann an sich verwerflich sein: denn man dürfte es nicht weghaben wollen: denn jegliches ist so mit allem verbunden, daß irgend etwas ausschließen wollen alles ausschließen heißt. Eine verwerfliche Handlung heißt: eine verworfene Welt überhaupt.

011

인간이 소에게서 배워야 할 것이 한 가지 있다. 되새김질하는 것이다.

– 『차라투스트라는 이렇게 말했다』

차라투스트라가 주인공이 된 이유는?

『차라투스트라는 이렇게 말했다』의 주인공인 차라투스트라는 원래 조로아스터교의 창시자다. 조로아스터는 독일어 '차라투스트라'의 영어식 발음이다. 조로아스터교는 기원전 1800년경 중동의 박트리아 지방에서 발생한 종교다. 불을 숭배한다고 해서 '배화교'로도 불린다. 유일신 아후라 마즈다를 믿는 조로아스터교는 세상이 선과 악으로 나뉘어 대립한다는 이분법적 세계관을 지니고 있다. 이 사상은 서양 문명에 지대한 영향을 미쳤다. 그렇다면 니체는 왜 차라투스트라를 자기 책의 주인공으로 삼았을까? 조로아스터교의 사상을 전하려 했던 것일까? 오히려 정반대다. 니체는 선과 악의 이분법적인 도덕 법칙을 극복해야 할 것으로 여겼다. 차라투스트라가 이를 최초로 제시한 사람이기 때문에 가장 먼저 극복해야 한다고 생각한 것이다.

012

인간의 모든 행위가 다른 행위나 결정, 생각의 원인이 된다는 사실, 그리고 현재 일어나는 모든 일과 앞으로 일어날 모든 일에 단단히 묶여 있다는 사실을 숙고하면 현실의 불멸성을 깨닫게 된다. 이는 실재하고 운동하는 불멸성이다. 모든 행위는 호박(琥珀) 속 곤충처럼 모든 존재자의 총체적 결합 속에 싸여 영원히 전해진다.

－『인간적인, 너무나 인간적인』

Erwägt man nun gar, dass jede Handlung eines Menschen, nicht nur ein Buch, auf irgend eine Art Anlass zu anderen Handlungen, Entschlüssen, Gedanken wird, dass Alles, was geschieht, unlösbar fest sich mit Allem, was geschehen wird, verknotet, so erkennt man die wirkliche Unsterblichkeit, die es giebt, die der Bewegung: was einmal bewegt hat, ist in dem Gesammtverbande alles Seienden, wie in einem Bernstein ein Insect, eingeschlossen und verewigt.

013

그에게는 우아함이 없다. 그는 이 사실을 알고 있다. 그는 가면으로 자신을 가리는 방법을 안다. 그는 엄숙한 도덕, 우울한 눈길, 인간에게 생긴 불신, 적나라한 유머, 호화로운 생활에 대한 경멸, 격정과 욕구, 쌀쌀맞은 인상 등에 의해 자신의 결점을 의식하면서 독특한 인물이 되어 간다.

-『아침놀』

Er hat einen Mangel an Anmuth, und weiss es: oh, wie er es versteht, diess zu maskiren! Durch strenge Tugend, durch Düsterkeit des Blickes, durch angenommenes Misstrauen gegen die Menschen und das Dasein, durch derbe Possen, durch Verachtung der feineren Lebensart, durch Pathos und Ansprüche, durch cynische Philosophie, — ja, er ist zum Charakter geworden, im steten Bewusstsein seines Mangels.

014

이것이 가을이다

태양은 천천히 산 쪽으로 기울어

위로 떠오르고

모든 이의 걸음에 스민다.

지치도록 팽팽하게 연결된 실들 위에

바람이 음악을 연주한다.

소망은 덧없이 사라지고,

바람이 한탄하며 한숨을 내쉰다.

오, 나무에 달린 열매여.

너는 바람에 떨고 있다! 땅으로 떨어진다!

도대체 어떤 비밀이 너에게

밤을 알려 주어서,

차가운 떨림이 너의 두 뺨을,

보랏빛 뺨을 덮치는 것인가?

자신은 아름답지 않다고

별꽃이 속삭인다.

그럼에도 나는 인간을 사랑한다.

또한 나는 인간을 달래 준다.

인간들은 꽃을 보아야 한다.

나를 향해 몸을 굽힌다.

아, 그런 다음 나를 꺾는다.

인간들의 눈빛에서는

아름다운 기억이 반짝거린다.

행복도 빛난다.

나는 인간의 눈빛을 보고 죽는다.

기꺼이 죽는다.

이것이 가을이다.

–『유고(1877년 봄~여름)』

Die Sonne schleicht zum Berg Und steigt hinauf und ruht bei jedem Schritte. Auf müd gespannten Fäden spielt Der Wind sein Lied: Die Hoffnung flieht, Er klagt ihr nach. O Frucht des Baums, Du zitterst, fällst! Welch ein Geheimniss zeigte dir Die Nacht, Dass eis'ger Schauder deine Wange, Die purpurne, verhüllt?

015

형제여, 너의 사상과 지성과 감성 뒤에는 그보다 더 강하고 현명한 존재가 명령을 내리고 있다. 그것은 다름 아닌 너 자신이다.
너 자신은 너의 신체 안에 존재한다. 그러므로 너의 신체 자체가 너 자신이다.

– 『차라투스트라는 이렇게 말했다』

Werkzeug deines Leibes ist auch deine kleine Vernunft, mein Bruder, die du „Geist" nennst, ein kleines Werk- und Spielzeug deiner grossen Vernunft. „Ich" sagst du und bist stolz auf diess Wort. Aber das Grössere ist, woran du nicht glauben willst, — dein Leib und seine grosse Vernunft: die sagt nicht Ich, aber thut Ich. ***Hinter deinen Gedanken und Gefühlen, mein Bruder, steht ein mächtiger Gebieter, ein unbekannter Weiser — der heisst Selbst. In deinem Leibe wohnt er, dein Leib ist er.*** *Es ist mehr Vernunft in deinem Leibe, als in deiner besten Weisheit.*

016

후각이 유난히 민감하고 질투심이 많은 사람은 경쟁자를 상대로 우월감을 느끼기 위해 그를 좀 더 정확하게 파악하려고 하지 않는다.

-『아침놀』

Dabei ist ihm ein Spiegel zu eigen, der beide Bewegungen neben einander und in einander, aber auch oft genug wider einander zeigt. In Folge dieses Anblicks ist es oft unglücklich, und wenn es ihm am wohlsten wird, im Schaffen, so ist es, weil es vergisst, dass es gerade jetzt mit höchster Zweckthätigkeit etwas Phantastisches und Unvernünftiges thut (das ist alle Kunst) — thun muss. ***Neidische Menschen mit feinerer Witterung suchen ihren Rivalen nicht genauer kennen zu lernen, um sich ihm überlegen fühlen zu können.***

017

고대 그리스에서는 개인 간의 경쟁이 핵심이었고 고대 로마에서는 전쟁과 승리와 법이 핵심이었다면, 현대 사회의 핵심은 바로 비즈니스다.

경영자는 굳이 모든 것을 만들어 보지 않고도 계산하고, 자신만의 필요가 아닌 소비자의 필요를 파악할 줄 안다.

'누가, 얼마나 많이 상품을 소비할 것인가?'

이것이 경영자의 최대 화두다. 경영자는 본능적으로 이러한 사고방식을 예술과 학문, 사상, 정치, 민족, 당파 등 시대의 모든 산물에 적용한다. 그는 모든 제품의 가치를 높이기 위해 수요와 공급을 조사한다.

이러한 방식이 고도로 세세한 것까지 파고들면서 전체적인 문화가 되어 간다.

– 『아침놀』

018

사람은 생각을 언어로 표현한다. 따라서 사람은 언제나 언어로 표현할 수 있는 것만 생각한다.

–『아침놀』

니체는 바그너의 아내를 흠모했다?

니체는 20대 시절에 당대 최고의 작곡가인 바그너의 음악을 무척 좋아했다. 스승인 리츨 교수의 소개로 바그너를 만난 이후 두 사람은 30년이 넘는 나이 차이에도 우정을 쌓아 갔다. 니체는 바그너의 아내인 코지마와도 사이가 좋았다. 니체의 학문과 예술을 인정한 바그너 부부는 언제든 별장에 놀러 와 지낼 수 있도록 빈방까지 내주었다. 니체는 바그너가 작곡하는 동안 코지마와 함께 아이들을 데리고 숲으로 소풍을 가기도 하고, 코지마에게 생일 선물로『비극의 탄생』초안을 보내기도 했다. 먼 훗날 정신 이상이 생긴 니체는 코지마를 '나의 여신'이라 부르며 한두 차례 엽서를 보냈고, 정신과 의사에게 "나의 아내 코지마가 나를 이곳에 데려왔다."라고 말하기까지 한다.

019

만일 우리가 거울 그 자체를 관찰하고자 한다면 결국 거울에 비친 사물 이외에는 아무것도 발견하지 못할 것이다. 우리가 사물을 잡고자 하면 우리는 결국 거울 표면으로 돌아온다. 이것이 인식의 가장 일반적인 역사다. (…) 인간은 왜 사물이나 상황 자체를 보지 않을까? 인간 스스로가 방해가 되기 때문이다. 결국 인간은 자기 자신을 이용해 사물이나 상황 자체를 감춰 버린다.

–『아침놀』

Versuchen wir den Spiegel an sich zu betrachten, so entdecken wir endlich Nichts, als die Dinge auf ihm. Wollen wir die Dinge fassen, so kommen wir zuletzt wieder auf Nichts, als auf den Spiegel. — Diess ist die allgemeinste Geschichte der Erkenntniss. (…) Warum sieht der Mensch die Dinge nicht? Er steht selber im Wege: er verdeckt die Dinge.

020

천재는 생리학적 모순을 가지고 태어난다. 한쪽으로는 본능적이고 혼란스럽고 무의식적인 활동을 하고, 다른 한쪽으로는 강한 목적성을 띤 활동을 한다.
천재는 이러한 두 종류의 활동을 동시에 진행하거나 마구 섞거나 대립시킨다. 그래서 불행해지는 경우가 많다.

-『아침놀』

Im sogenannten Genie ist ein physiologischer Widerspruch: es besitzt einmal viele wilde, unordentliche, unwillkürliche Bewegung und sodann wiederum viele höchste Zweckthätigkeit der Bewegung, — dabei ist ihm ein Spiegel zu eigen, der beide Bewegungen neben einander und in einander, aber auch oft genug wider einander zeigt. In Folge dieses Anblicks ist es oft unglücklich.

021

공작새는 웬만해서는 화려한 꼬리 깃털을 드러내 보이지 않는다. 이러한 태도를 '공작의 자존심'이라고 표현한다.
천재라고 불리는 사람이 감사와 정확성이라는 두 가지 요소를 지니지 못한다면 더는 참을 수가 없다.

-『선악의 저편』

Der Weise als Astronom. — So lange du noch die Sterne fühlst als ein „Über-dir", fehlt dir noch der Blick des Erkennenden. Nicht die Stärke, sondern die Dauer der hohen Empfindung macht die hohen Menschen. Wer sein Ideal erreicht, kommt eben damit über dasselbe hinaus. ***Mancher Pfau verdeckt vor Aller Augen seinen Pfauenschweif — und heisst es seinen Stolz. Ein Mensch mit Genie ist unausstehlich, wenn er nicht mindestens noch zweierlei dazu besitzt: Dankbarkeit und Reinlichkeit.***

022

천재는 일이나 성과에서 어쩔 수 없이 탕진한다. 이들의 위대함은 온 힘을 쏟는 것에서 나온다.
다시 말해, 이들은 자기 보존 본능 따위는 생각하지 않는다. 자기 안에서 분출되는 에너지에 압도되어 스스로를 보호하거나 신중하게 계산하는 일은 전혀 하지 않는다.

–『우상의 황혼』

Das Genie — in Werk, in That — ist nothwendig ein Verschwender: dass es sich ausgiebt, ist seine Grösse. Der Instinkt der Selbsterhaltung ist gleichsam ausgehängt; der übergewaltige Druck der ausströmenden Kräfte verbietet ihm jede solche Obhut und Vorsicht. *Man nennt das „Aufopferung"; man rühmt seinen „Heroismus" darin, seine Gleichgültigkeit gegen das eigne Wohl, seine Hingebung für eine Idee, eine grosse Sache, ein Vaterland: Alles Missverständnisse.*

023

내가 생각하기에 인간은 지상에서 감히 견줄 만한 것이 없을 정도로 유쾌하고 용감하고 창의성이 풍부한 동물이다. 이 동물은 어떤 미궁에 빠져도 항상 가야 할 길을 제대로 찾아낸다.

-『선악의 저편』

Man erräth: es fehlt dieser Art von Gottheit und Philosophen vielleicht an Scham? — So sagte er einmal: „unter Umständen liebe ich den Menschen — und dabei spielte er auf Ariadne an, die zugegen war —: ***der Mensch ist mir ein angenehmes tapferes erfinderisches Thier, das auf Erden nicht seines Gleichen hat, es findet sich in allen Labyrinthen noch zurecht.*** *Ich bin ihm gut: ich denke oft darüber nach, wie ich ihn noch vorwärts bringe und ihn stärker, böser und tiefer mache, als er ist.“ — „Stärker, böser und tiefer?“ fragte ich erschreckt.*

024

사람들 가운데서 순수한 상태로 남아 있고자 한다면,

지저분한 물로도 자신을 씻는 법을 깨달아야 한다.

– 『차라투스트라는 이렇게 말했다』

인간의 정신은 '3단 변신'을 한다?

니체는 『차라투스트라는 이렇게 말했다』에서 세 가지 변신에 관해 이야기한다. 인간의 정신은 낙타의 단계, 사자의 단계, 어린아이의 단계를 거쳐서 정체성을 찾고 자아를 형성해 간다는 것이다. '낙타'는 기꺼이 복종하며 무거운 짐을 지고 모든 것을 인내하는 정신을 뜻한다. '사자'는 기존의 가치를 부정하고 파괴하는 정신을 의미한다. 그리고 '어린아이'는 순수하게 삶을 창조하는 정신을 가리킨다. 자신을 있는 그대로 받아들이며 주어진 삶을 최대한 즐기는 어린아이는 인간 정신 변화의 종착역이다. 니체는 이 세 가지 단계를 모두 거쳐야 비로소 '초인(Übermensch)'이 될 수 있다고 강조한다. 여러분은 이 세 가지 단계 중 어디에 와 있을까?

025

이 세계에서 심히 괴로워하는 존재는 인간뿐이다. 그래서 인간은 웃음을 발명할 수밖에 없었다. 가장 불행한 동물이 가장 쾌활한 동물이 된 것이다.

– 『유고(1885년 6~7월)』

Unter die Fortdenker des Pessimismus rechne ich nicht E<duard> v<on> H<artmann>, vielmehr unter die „angenehmen Litteraturen" usw. Um aber diesen extremen Pessimismus zu ertragen (wie er hier und da aus meiner „Geburt der Tragödie" heraus klingt) „ohne Gott und Moral" allein zu leben, mußte ich mir ein Gegenstück erfinden. Vielleicht weiß ich am besten, warum der Mensch allein lacht: ***er allein leidet so tief, daß er das Lachen erfinden mußte. Das unglückliche und melancholische Thier ist, wie billig, das heiterste.***

026

짐승은 다른 짐승을 보면 본능적으로 자신과 비교한다. 원시인들도 마찬가지였다. 이를 통해 인간은 자기가 가진 방어력과 공격력을 통해서만 스스로를 파악한다는 사실을 알 수 있다.

– 『아침놀』

Zuletzt: seien wir milde gegen ein Wesen von siebenzig Jahren! — es hat seine Phantasie im Ausmalen der eignen „ewigen Langenweile" nicht üben können, — es fehlte ihm an der Zeit! ***Sobald ein Thier ein anderes sieht, so misst es sich im Geiste mit ihm; und ebenso machen es die Menschen wilder Zeitalter. Daraus ergiebt sich, dass sich da jeder Mensch fast nur in Hinsicht auf seine Wehr- und Angriffskräfte kennen lernt.***

027

자신이 지닌 기지를 자랑하고자 하는 자는 그가 이와는 반대되는 것도 꽤 많이 지니고 있다는 사실을 보여 준다. 기지가 넘치는 프랑스 사람들의 무례함, 다시 말하면 그들의 최고의 생각에 일종의 깔보는 듯한 성향을 더한 무례함은 사실 그들이 그보다 더 기지가 넘치는 것처럼 보이고자 하는 의도에서 비롯된 것이다. 그들은 넘치는 보물고에서 계속 기부하는 일에 지쳐서 되는대로 주고자 하는 사람들과 같다.

– 『인간적인, 너무나 인간적인』

Jeder, der seinen Geist zeigen will, lässt merken, dass er auch reichlich vom Gegentheil hat. Jene Unart geistreicher Franzosen, ihren besten Einfällen einen Zug von dédain beizugeben, hat ihren Ursprung in der Absicht, für reicher zu gelten, als sie sind: sie wollen lässig schenken, gleichsam ermüdet vom beständigen Spenden aus übervollen Schatzhäusern.

028

사람은 망각을 배우지 못한다. 자기 자신이 항상 지난 날에 매여 있다는 사실을 모른다.
제아무리 재빠르게, 멀리 도망치려 해도 언제나 쇠사슬에 묶여 있다.

–『반시대적 고찰』

Er wundert sich aber auch über sich selbst, das Vergessen nicht lernen zu können und immerfort am Vergangenen zu hängen: mag er noch so weit, noch so schnell laufen, die Kette läuft mit. *Es ist ein Wunder: der Augenblick, im Husch da, im Husch vorüber, vorher ein Nichts, nachher ein Nichts, kommt doch noch als Gespenst wieder und stört die Ruhe eines späteren Augenblicks. Fortwährend löst sich ein Blatt aus der Rolle der Zeit, fällt heraus, flattert fort - und flattert plötzlich wieder zurück, dem Menschen in den Schooss.*

029

"이름이 차라투스트라라고? 당신도 달라졌군. 당신은 자기를 태우고 남은 재 가루를 들고 산에 갔다네. 오늘은 활활 타오르는 불덩이를 산골짜기로 가져갈 텐가? 그런데 이미 잠든 자들에게 가서 무엇을 할 수 있겠는가? 당신은 깊은 바닷속처럼 고독하게 살았고, 바다가 그대를 안아 주었지. 그럼에도 육지 밖으로 나오려 한단 말인가?"

차라투스트라가 대답했다.

"나는 인간들을 사랑하오."

– 『차라투스트라는 이렇게 말했다』

Was willst du nun bei den Schlafenden? Wie im Meere lebtest du in der Einsamkeit, und das Meer trug dich. Wehe, du willst an's Land steigen? Wehe, du willst deinen Leib wieder selber schleppen? Zarathustra antwortete: „Ich liebe die Menschen."

030

그대들은 이상적인 것을 보지만, 나는 바로 그곳에서 인간적인 너무나 인간적인 것을 본다.

– 『인간적인, 너무나 인간적인』

니체는 원래 귀족 출신이었다?

니체는 1844년 10월 15일 카를 루트비히 니체와 프란치스카 욀러 사이에서 태어났다. 니체의 생일은 당시 프로이센의 왕이었던 프리드리히 빌헬름 4세의 생일과 같았다. 카를 루트비히 니체는 이를 기념해 아들의 이름을 프리드리히 니체라고 지어 주었다. 니체의 어린 시절 애칭은 프리츠였다. 니체 집안은 전통적으로 수많은 목사를 배출한 성직자 가문이었다. 전하는 바에 따르면, 니체의 조상은 '니츠키'라는 성을 가진 폴란드 귀족이었다. 그런데 폴란드에서 기독교를 박해하는 바람에 독일로 도망쳐 왔고, 성을 '니체'로 바꾼 것이다. 하지만 이것은 집안 어른들의 추측일 뿐 확실하게 알려진 바는 없었다. 그런데도 니체는 어린 시절 자신이 귀족 출신이라는 것에 대단히 큰 자부심을 가졌다고 한다.

031

이 세계의 대지는 피부로 덮여 있다. 이 피부는 여러 가지 병 때문에 고통을 받고 있는데, 그 병 가운데 하나가 바로 '인간'이다.

–『차라투스트라는 이렇게 말했다』

Aber im Grunde der Seele waren sie Alle voll Besorgniss und Sehnsucht: so war ihre Freude gross, als am fünften Tage Zarathustra unter ihnen erschien. Und diess ist die Erzählung von Zarathustra's Gespräch mit dem Feuerhunde. ***Die Erde, sagte er, hat eine Haut; und diese Haut hat Krankheiten. Eine dieser Krankheiten heisst zum Beispiel „Mensch."*** *Und eine andere dieser Krankheiten heisst „Feuerhund": über den haben sich die Menschen Viel vorgelogen und vorlügen lassen. Diess Geheimniss zu ergründen gieng ich über das Meer: und ich habe die Wahrheit nackt gesehn, wahrlich! barfuss bis zum Halse.*

032

모든 시대의 인간들이 선과 악은 무엇인지, 또 칭송되어야 할 것과 비난받아야 할 것이 무엇인지 안다고 믿은 학자들의 생각은 정확하다. 하지만 어느 시대보다 현재 우리가 이러한 것에 대해 더 잘 알고 있을 것이라는 학자들의 생각은 그저 편견일 뿐이다.

-『아침놀』

Klingt nicht fast jede genaue Geschichte einer Entstehung für das Gefühl paradox und frevelhaft? Widerspricht der gute Historiker im Grunde nicht fortwährend? ***Es ist ein richtiges Urtheil der Gelehrten, dass die Menschen aller Zeiten zu wissen glaubten, was gut und böse, lobens- und tadelnswerth sei. Aber es ist ein Vorurtheil der Gelehrten, dass wir es jetzt besser wüssten, als irgend eine Zeit.***

033

세계는 힘에의 의지다.

그것 말고는 아무것도 아니다.

그대들도 힘에의 의지다.

그것 말고는 아무것도 아니다.

–『유고(1885년 6~7월)』

Diese meine dionysische Welt des Ewig-sich-selber-Schaffens, des Ewig-sich-selber-Zerstörens, diese Geheimniß-Welt der doppelten Wollüste, dieß mein Jenseits von Gut und Böse, ohne Ziel, wenn nicht im Glück des Kreises ein Ziel liegt, ohne Willen, wenn nicht ein Ring zu sich selber guten Willen hat, — wollt ihr einen Namen für diese Welt? Eine Lösung für alle ihre Räthsel? ein Licht auch für euch, ihr Verborgensten, Stärksten, Unerschrockensten, Mitternächtlichsten? ***Diese Welt ist der Wille zur Macht — und nichts außerdem! Und auch ihr selber seid dieser Wille zur Macht — und nichts außerdem!***

034

사람이 이 세상에 태어나 존재하는 것, 그의 특징이 어떠어떠하다는 것, 그가 어떤 처지나 조건에 놓여 있다는 것에 그 누구도 책임질 필요는 없다. 그의 존재는 피할 수 없는 운명이며, 또한 앞으로 존재하는 모든 것의 운명과도 떨어질 수 없다.

–『우상의 황혼』

Niemand ist dafür verantwortlich, dass er überhaupt da ist, dass er so und so beschaffen ist, dass er unter diesen Umständen, in dieser Umgebung ist. Die Fatalität seines Wesens ist nicht herauszulösen aus der Fatalität alles dessen, was war und was sein wird. *Er ist nicht die Folge einer eignen Absicht, eines Willens, eines Zwecks, mit ihm wird nicht der Versuch gemacht, ein „Ideal von Mensch" oder ein „Ideal von Glück" oder ein „Ideal von Moralität" zu erreichen, — es ist absurd, sein Wesen in irgend einen Zweck hin abwälzen zu wollen.*

035

오, 형제들이여. 당신들은 이 말을 이해한 것인가? 내가 '마지막 인간'에 대해 말한 것도? 과연 인류의 장래를 위협하는 가장 위험천만한 인간들은 누구인가? 선하다고 하는 인간들과 의롭다고 하는 인간들 아니던가? 오, 형제들이여. 당신들은 이 말을 이해했는가?

– 『차라투스트라는 이렇게 말했다』

Oh meine Brüder, verstandet ihr auch diess Wort? Und was ich einst sagte vom „letzten Menschen"? Bei Welchen liegt die grösste Gefahr aller Menschen-Zukunft? Ist es nicht bei den Guten und Gerechten? Zerbrecht, zerbrecht mir die Guten und Gerechten! — Oh meine Brüder, verstandet ihr auch diess Wort? *Ihr flieht von mir? Ihr seid erschreckt? Ihr zittert vor diesem Worte? Oh meine Brüder, als ich euch die Guten zerbrechen hiess und die Tafeln der Guten: da erst schiffte ich den Menschen ein auf seine hohe See.*

036

홀륭하고 뛰어난 인간이 당하는 가장 큰 위험은 친절이 라는 작은 미덕 탓에 자신의 전부를 희생하는 일이다.

–『선악의 저편』

『선악의 저편』은 위험한 책이다?

1886년 니체의 저서인 『선악의 저편』이 출간되었다. 스위스 작가인 비트만은 이 책을 "니체의 새로운 책은 너무 위험하고, 니체의 사상은 다이너마이트처럼 무시무시하다."라고 소개했다. 그는 왜 이러한 내용으로 서평을 쓴 것일까? 비트만은 니체가 최초로 하나의 길을 발견했다고 생각했다. 하지만 이 길은 누구도 가지 않은 길이기 때문에 니체가 그 길을 걷는 것을 바라보는 게 무섭다고 말한 것이다. 니체도 비트만의 이 서평을 인정하며 편지 등으로 주변 사람들에게 알렸다고 한다. 이처럼 『선악의 저편』에는 기존의 가치나 사유 방식을 극명하게 뒤집는 니체의 사상이 잘 담겨 있다. 니체는 이 책을 통해 우리 주변에 있는 현대성을 예리하게 포착하고 당대 철학이나 예술, 정치 등과 함께 강하게 비판했다.

037

다른 시대와 마찬가지로 오늘날에도 인간은 자유인과 노예 두 부류로 나눌 수 있다. 하루의 시간 중 3분의 2 이상을 자신을 위해 사용하지 못하는 사람이 다름 아닌 노예다.

–『인간적인, 너무나 인간적인』

Es ist das Unglück der Thätigen, dass ihre Thätigkeit fast immer ein Wenig unvernünftig ist. Man darf zum Beispiel bei dem geldsammelnden Banquier nach dem Zweck seiner rastlosen Thätigkeit nicht fragen: sie ist unvernünftig. Die Thätigen rollen, wie der Stein rollt, gemäss der Dummheit der Mechanik. - ***Alle Menschen zerfallen, wie zu allen Zeiten so auch jetzt noch, in Sclaven und Freie; denn wer von seinem Tage nicht zwei Drittel für sich hat, ist ein Sclave, er sei übrigens wer er wolle:*** *Staatsmann, Kaufmann, Beamter, Gelehrter.*

038

인간은 이성적 판단보다 수많은 우연에 의해 지배된다. 이 사실은 평생 직업이 자신에게 적합하지 않아 매번 불화가 반복되는 것을 보면 잘 알 수 있다.
물론 가끔 운이 좋을 때도 있지만, 이런 경우도 결국 이성적 판단에 의한 것은 아니다. 안타깝게도 우리는 아직 판단력도 부족하고 직업의 종류도 제대로 모르고 자신에 관해서도 잘 알지 못할 때 직업을 선택하게 된다.

–『우리 문헌학자들』

Die glücklichen Fälle sind Ausnahmen wie die glücklichen Ehen, und auch diese werden nicht durch Vernunft herbeigeführt. Der Mensch wählt den Beruf, wo er noch nicht fähig zum Wählen ist; er kennt die verschiedenen Berufe nicht, er kennt sich selbst nicht; er verbringt seine tätigsten Jahre dann in diesem Berufe, verwendet all sein Nachdenken darauf, wird erfahrener.

PART 1에서 여러분의 마음을 움직인 문장이나 구절을 적어 보세요. 그리고 '니체의 생각'에 이어 '여러분의 생각'도 덧붙여 보세요.

PART 2

영원히 타는 목마름으로

- '욕망과 감정'에 관한 45가지 잠언들

039

평등이라는 개념을 자주 쓰는 사람은 다음 두 가지 욕망 가운데 적어도 하나를 품고 있다. 하나는 타인들을 자기 수준으로 끌어내리려는 욕망이고(비방하거나 비밀로 삼거나 다리를 걸어서), 또 하나는 자신과 타인들을 더 높은 수준으로 끌어올리려는(인정하거나 도움을 주거나 함께 기뻐하면서) 욕망이다.

–『인간적인, 너무나 인간적인』

Wer einem Kranken seine Rathschläge giebt, erwirbt sich ein Gefühl von Ueberlegenheit über ihn, sei es, dass sie angenommen oder dass sie verworfen werden. Desshalb hassen reizbare und stolze Kranke die Rathgeber noch mehr als ihre Krankheit. ***Die Sucht nach Gleichheit kann sich so äussern, dass man entweder alle Anderen zu sich hinunterziehen möchte (durch Verkleinern, Secretiren, Beinstellen) oder sich mit Allen hinauf (durch Anerkennen, Helfen, Freude an fremdem Gelingen).***

040

현대인들을 범죄로 몰고 가는 지나친 초조함은 어디서 시작되었을까?

범죄와는 점점 더 멀어져야 할 것 같은 상황이지만, 오히려 사람들은 이 초조함 때문에 범죄자로 변하고 만다. 누군가는 공평치 못한 저울을 내밀고, 누군가는 고액 보험에 가입한 뒤 자기 집에 불을 지르고, 또 누군가는 지폐를 위조한다.

상류층의 4분의 3이 합법적인 사기에 사로잡히고 주식과 투기로 양심의 가책을 느껴야 할 때, 과연 무엇이 그들을 부추기는 것일까? 사실 그들은 가난하지 않다. 돈이 없는 것도 아니고 먹을 것 때문에 걱정하는 것도 아니다. 다만 돈이 모이는 속도가 너무 느려서 초조할 뿐이다. 이 초조함과 돈을 향한 사랑 때문에 끊임없이 휘둘리는 것이다.

–『아침놀』

041

세상에서 가장 멋진 풍경도 3개월 동안 계속 본다면 지겹게 느껴질 것이다.
어느새 우리는 눈을 돌려 저 멀리 해안의 풍경을 탐하게 된다.
내 손에 들어온 것은 결국 그 소유 때문에 가치가 떨어진다.

— 『즐거운 학문』

Und ebenso unsere Liebe zum Wissen, zur Wahrheit und überhaupt all jener Drang nach Neuigkeiten? Wir werden des Alten, sicher Besessenen allmählich überdrüssig und strecken die Hände wieder aus; selbst die schönste Landschaft, in der wir drei Monate leben, ist unserer Liebe nicht mehr gewiss, und irgend eine fernere Küste reizt unsere Habsucht an: der Besitz wird durch das Besitzen zumeist geringer. Unsere Lust an uns selber will sich so aufrecht erhalten, dass sie immer wieder etwas Neues in uns selber verwandelt, — das eben heisst Besitzen.

042

친구여, 고독 속으로 피하라. 독파리 떼가 너를 공격하지 않았는가? 도망가라. 바람이 거칠게 휘몰아치는 곳으로. 고독 속으로 피하라.
너는 보잘것없고 불쌍한 이들과 너무 가까이 있다. 그들의 복수심에서 벗어나라. 그들은 너에게 복수밖에 저지를 것이 없다.

– 『차라투스트라는 이렇게 말했다』

Fliehe, mein Freund, in deine Einsamkeit: ich sehe dich von giftigen Fliegen zerstochen. Fliehe dorthin, wo rauhe, starke Luft weht! Fliehe in deine Einsamkeit! Du lebtest den Kleinen und Erbärmlichen zu nahe. Fliehe vor ihrer unsichtbaren Rache! Gegen dich sind sie Nichts als Rache. *Hebe nicht mehr den Arm gegen sie! Unzählbar sind sie, und es ist nicht dein Loos, Fliegenwedel zu sein. Unzählbar sind diese Kleinen und Erbärmlichen.*

043

저녁이 되었을 때 낮에 대해 판단하고자 한다면, 현명하다고 할 수 없다. 때때로 피로가 힘과 성공, 선의를 판단하는 역할을 하기 때문이다. 이와 마찬가지로 노년에 이르러서 인생에 대해 판단할 때는 가장 신중한 태도가 필요하다.

-『아침놀』

Man thut nicht klug, den Abend über den Tag urtheilen zu lassen: denn allzu oft wird da die Ermüdung zur Richterin über Kraft, Erfolg und guten Willen. Und ebenso sollte die höchste Vorsicht in Absehung auf das Alter und seine Beurtheilung des Lebens geboten sein, zumal das Alter, wie der Abend, sich in eine neue und reizende Moralität zu verkleiden liebt und durch Abendröthe, Dämmerung, friedliche oder sehnsüchtige Stille den Tag zu beschämen weiss.

044

최대한 많은 친구를 바라고, 만나는 사람 모두를 친구라 여기고, 친구와 함께 있지 않으면 늘 마음이 불안한가? 그것은 당신의 마음이 건강하지 않다는 증거다. 진정한 자아를 찾기 위해 누군가를 바라고, 친구가 상대해 주기를 기다리고, 남에게 의지할 때 안도감을 느끼는 이유는 무엇일까? 바로 고독하기 때문이다.

그렇다면 왜 고독할까? 자신을 온전히 사랑하지 못하기 때문이다. 아무리 많은 친구를 사귀어도 고독의 상처는 낫지 않고, 이로 말미암아 자신을 사랑하지도 못한다. 손바닥으로 하늘을 가리는 셈이다.

나를 진심으로 사랑하려면 우선 남에게 의지하지 않고 나의 힘만으로 일어서야 한다. 나의 다리로 높은 곳을 향해 걸어가야 한다. 분명 고통이 찾아올 것이다. 하지만 마음의 근육을 단련시키려면 힘이 들 수밖에 없다.

– 『차라투스트라는 이렇게 말했다』

045

지금 우리의 감정은 얼마나 빠르게 시들고 있는가! 또 이 감정에 관한 지식은 얼마나 무거워졌는가!

－『선악의 저편』

니체는 청혼을 두 번이나 거절당했다?

니체는 교수직을 그만두고 방랑자로 살아가던 시절에 한 여인을 사랑하게 되었다. 여인의 이름은 루 살로메였다. 그는 프로이트, 릴케 등 당대 지성인들에게 숱한 구애를 받을 정도로 매력적이고 지적인 여성이었다. 루 살로메도 니체에게 어느 정도 호감을 느꼈다. 니체는 몸과 마음이 병들어 불안하고 방황하던 시간을 끝내고 살로메와 결혼해 안정적인 생활을 하고 싶었다. 그래서 친구인 파울 레에게 중매를 부탁했다. 하지만 파울 레도 루 살로메를 흠모하고 있었다. 더군다나 질투가 많은 여동생 엘리자베스의 방해 때문에 루 살로메는 두 번이나 니체의 청혼을 거절했다. 살로메는 니체의 정신과 지식을 사랑해서 청혼을 거절했다고 말했다. 하지만 니체는 절망감에 사로잡혔고 병세는 더욱 악화되었다.

046

해가 내려앉는다

쾌락이여, 금빛을 띠고 오라!

너, 죽음을 띤

너무나 은밀하고도 달콤한 즐거움의 예고여!

— 나는 너무나 빠르게 나의 길을 달리지 않았는가?

발이 피곤해지고 나서야 겨우

네 눈이 내게 다시금 따라와 호소한다.

네 행복이 내게 다시금 따라와 호소한다.

주변에는 여전히 파도의 기쁨,

지난날 힘든 것은,

이제 푸르른 망각의 밑으로 가라앉았다.

나의 작은 배는 나른하게만 흔들리고 있다.

폭풍우와 뱃길 — 어찌 작은 배는 이를 잃고 만 것인가?

소망과 희망은 물에 가라앉아 버리고,

바다와 영혼은 맑게도 누워 있다.

일곱 번째의 적적함과 고요함이여!
이토록 지난날 내가
아름다운 편안함을 가까이서 느낀 적은 없었다.
— 하지만 산꼭대기의 얼음은 아직도 빛나고 있거늘!
은빛 물결 속 한 마리의 작은 물고기,
나의 작은 배는 파도 위를 미끄러져 지나간다…….

– 『디오니소스 송가』

Heiterkeit, güldene, komm! du des Todes heimlichster süssester Vorgenuss! — Lief ich zu rasch meines Wegs? Jetzt erst, wo der Fuss müde ward, holt dein Blick mich noch ein, holt dein Glück mich noch ein. Rings nur Welle und Spiel. Was je schwer war, sank in blaue Vergessenheit, müssig steht nun mein Kahn. Sturm und Fahrt — wie verlernt er das! Wunsch und Hoffen ertrank, glatt liegt Seele und Meer. Siebente Einsamkeit! Nie empfand ich näher mir süsse Sicherheit, wärmer der Sonne Blick. — Glüht nicht das Eis meiner Gipfel noch? Silbern, leicht, ein Fisch schwimmt nun mein Nachen hinaus…….

047

등산을 몇 시간 동안 한다면, 악인과 성자 두 사람도 매우 비슷한 존재가 되어 버릴 것이다. 피로는 평등과 우애로 나아가는 가장 짧은 경로다. 마침내 마지막에는 수면을 통해 자유가 추가될 것이다.

-『인간적인, 너무나 인간적인』

Man sollte alle acht Tage eine Stunde zum Briefempfangen haben und darnach ein Bad nehmen. Jemand sagte: ich bin gegen mich voreingenommen von Kindesbeinen an: desshalb finde ich in jedem Tadel etwas Wahrheit und in jedem Lobe etwas Dummheit. Das Lob wird von mir gewöhnlich zu gering und der Tadel zu hoch geschätzt. ***Einige Stunden Bergsteigens machen aus einem Schuft und einem Heiligen zwei ziemlich gleiche Geschöpfe. Die Ermüdung ist der kürzeste Weg zur Gleichheit und Brüderlichkeit — und die Freiheit wird endlich durch den Schlaf hinzugegeben.***

048

철학은 아무런 제외나 예외나 선택 없이 그저 세계를 디오니소스적으로, 있는 그대로 긍정하기를 바란다. 철학은 영원한 순환을 바란다. 똑같은 사물과 매듭의 똑같은 논리와 비논리를 바란다. 어떠한 철학자가 도달할 수 있는 최고의 상태, 삶에 디오니소스적으로 맞선다는 것은 나의 운명과도 같은 사랑이다.

- 『유고(1888년 봄~여름)』

Sie will vielmehr bis zum Umgekehrten hindurch — bis zu einem dionysischen Jasagen zur Welt, wie sie ist, ohne Abzug, Ausnahme und Auswahl — sie will den ewigen Kreislauf, — dieselben Dinge, dieselbe Logik und Unlogik der Knoten. Höchster Zustand, den ein Philosoph erreichen kann: dionysisch zum Dasein stehn —: meine Formel dafür ist amor fati. *— Hierzu gehört, die bisher verneinten Seiten des Daseins nicht nur als nothwendig zu begreifen, sondern als wünschenswerth.*

049

인간은 자신이 독립적인지 시험해 볼 필요가 있다. 자신이 할 수 있는 가장 위험한 놀이이거나 다른 판사 앞이 아닌 증인인 자신의 앞에 놓인 시험이더라도 각자의 시험을 피하면 안 된다. 세상에서 가장 사랑하는 사람이라 할지라도 너무 한 사람에게 집착해서는 안 된다. 모든 사람은 감옥이자 으슥한 구석이다.

-『선악의 저편』

Man muss sich selbst seine Proben geben, dafür dass man zur Unabhängigkeit und zum Befehlen bestimmt ist; und dies zur rechten Zeit. Man soll seinen Proben nicht aus dem Wege gehn, obgleich sie vielleicht das gefährlichste Spiel sind, das man spielen kann, und zuletzt nur Proben, die vor uns selber als Zeugen und vor keinem anderen Richter abgelegt werden. Nicht an einer Person hängen bleiben: und sei sie die geliebteste, — jede Person ist ein Gefängniss, auch ein Winkel.

050

나는 그토록 오랫동안 미루어 두었던 마지막 정상 앞에 서 있다. 아, 더할 나위 없이 험난한 길을 올라가야 한다. 아, 지독히도 고독한 방랑을 시작해야 한다. 나와 같은 인간은 이 시간을 피할 수 없다. 자신에게 다음과 같이 말하는 시간을.

"그대는 비로소 위대함에 이르는 길을 간다. 정상과 심연은 이제 하나로 연결되었다."

–『차라투스트라는 이렇게 말했다』

Und noch Eins weiss ich: ich stehe jetzt vor meinem letzten Gipfel und vor dem, was mir am längsten aufgespart war. Ach, meinen härtesten Weg muss ich hinan! Ach, ich begann meine einsamste Wanderung! Wer aber meiner Art ist, der entgeht einer solchen Stunde nicht: der Stunde, die zu ihm redet „Jetzo erst gehst du deinen Weg der Grösse! Gipfel und Abgrund — das ist jetzt in Eins beschlossen!

051

왜 사랑은 공정보다 중요하게 여겨질까? 왜 사람들은 사랑에 관해 많은 것을 이야기하고 사랑을 끊임없이 찬양할까? 공정이 사랑보다 더 지적이고, 사랑이 공정보다 더 어리석어 보이는데 말이다.

사실 사랑은 어리석기 때문에 모든 사람이 좋아하는 것이다. 영원한 꽃다발을 들고 바보스럽게 사랑하지 않고서는 견디지 못하는 것이다.

사랑은 어리석고, 풍부한 풍요의 뿔을 지니고 있다. 사랑은 이로부터 자신의 선물을 모든 이에게 나누어 준다. 상대가 어떤 사람이든 상관없다. 사랑받을 가치가 없어도, 불공정해도, 감사 따위는 전혀 몰라도 상관없다.

비는 선한 사람이든 악한 사람이든 누구에게나 내린다. 사랑도 비처럼 모두를 적신다.

- 『선악의 저편』

052

인간은 인생에 친숙해져서가 아니라 사랑에 익숙해져서 인생을 사랑한다.

-『차라투스트라는 이렇게 말했다』

군주 도덕 vs. 노예 도덕

니체는『선악의 저편』에서 '군주 도덕'과 '노예 도덕'이라는 용어를 비교했다. 군주 도덕은 강자의 도덕으로 자기 긍정의 생명력이 넘치는 사람이 타인을 지배하는 것, 즉 '힘에의 의지'를 실현하는 초인의 도덕이다. 반면 노예 도덕은 약자의 도덕으로 기독교가 추구하는 사랑, 동정, 평화를 가리키거나 민주주의나 사회주의에서 주장하는 약자의 사상이라고 보았다. 주체적이고 능동적인 인간상을 추구한 니체에게는 군주 도덕이 바람직한 도덕이었고, 나약한 자들의 본성인 노예 도덕은 그릇된 도덕이었다. 특히 노예 도덕을 기반으로 성장한 기독교는 인간의 본능을 부정하기에 부정할 수밖에 없었다. 노예 도덕에서 벗어나 군주 도덕을 추구하는 자가 바로 니체가 말하는 가장 이상적인 인간상인 '초인'이다.

053

가을

가을이 왔다. 가을은 가슴을 잡아 찢는다.
날아라! 높이 날아올라라!
태양은 거친 숨을 몰아쉬며
산기슭을 한 발 한 발 디뎌
마침내 정상에 오른다.

왜 세상은 활기를 잃었는가?
피곤할 만큼 팽팽한 거미줄에서
바람이 슬픈 노래를 부른다.
희망은 사라져 버렸다고
바람이 슬피 운다.

(…)

가을이 왔다. 가을은 가슴을 잡아 찢는다.

날아라! 높이 날아올라라!

나는 별로 안 예뻐요.

별처럼 반짝이는 들꽃이 말한다.

그래도 나는 사람들을 좋아해요.

그래서 사람들에게 위안을 주지요.

깊어진 가을 들꽃을 보고

허리를 굽혀서

아, 나를 꺾으면 되는 거예요.

이제 사람들의 눈빛에서

아름다운 추억이 반짝거린답니다.

이 들꽃보다 더 고운 님의 추억 말이에요!

나는 그 추억을 볼 수 있어요. 그러고서 나는 죽지요.

가을이 왔다. 가을은 가슴을 잡아 찢는다.

날아라! 높이 날아올라라!

- 『유고(1884년 가을)』

054

본디 아주 악독하고 잔인한 중상의 흔적을 좇기 위해서는 진실하고 단순한 적에게서 그 근원을 찾으려 해서는 안 된다. 왜냐하면 그들이 우리에 대해 그러한 것을 조작한다 할지라도 적의 입장이므로 그들은 어떤 믿음도 찾지 못할 것이기 때문이다. 하지만 우리가 한동안 가장 많은 도움을 베푼 사람들, 그렇지만 어떤 이유에서든 우리에게서 더 이상 얻을 것이 없다는 사실을 암암리에 확신하고 있을 사람들은 악독함과 잔인함을 전개하는 데 원인이 될 가능성이 있다.

–『인간적인, 너무나 인간적인』

Denn diese würden, wenn sie so Etwas über uns erfänden, als Feinde keinen Glauben finden. Aber jene, denen wir eine Zeit lang am meisten genützt haben, welche aber, aus irgend einem Grunde im Geheimen sicher darüber sein dürfen, Nichts mehr von uns zu erlangen.

055

꼽추의 혹을 없애는 것은 그의 정신을 없애는 것이나 마찬가지다. 장님의 눈을 고치면 이 세상에서 벌어지는 악한 일을 너무 많이 볼 수 있으므로 장님을 낫게 한 의사는 저주를 받을 것이다. 절름발이를 껑충껑충 뛰게 하는 사람도 큰 피해를 입히는 것이다. 절름발이가 뛰자마자 그의 악덕도 함께 날뛰기 때문이다.

-『차라투스트라는 이렇게 말했다』

Zarathustra aber erwiderte Dem, der da redete, also: ***„Wenn man dem Bucklichten seinen Buckel nimmt, so nimmt man ihm seinen Geist — also lehrt das Volk. Und wenn man dem Blinden seine Augen giebt, so sieht er zuviel schlimme Dinge auf Erden: also dass er Den verflucht, der ihn heilte. Der aber, welcher den Lahmen laufen macht, der thut ihm den grössten Schaden an: denn kaum kann er laufen, so gehn seine Laster mit ihm durch.***

056

소나무와 번개

인간과 짐승보다 높이 자라나

말하는데…… 아무도 나와 함께 말하지 않네.

너무 고독하게, 너무 높이 자라나

기다리는데…… 나는 지금 무엇을 기다리고 있는가?

아주 가까이, 내 곁에는 구름이 흐른다……

나는 최초의 번갯불을 기다리고 있다.

–『유고(1882년 여름~가을)』

Hoch wuchs ich über Mensch und Thier; Und sprech ich — Nie mand spricht mit mir. Zu einsam wuchs ich und zu hoch: Ich warte: worauf wart' ich doch? Zu nah ist mir der Wolken Sitz, — Ich warte auf den ersten Blitz.

057

곤충은 절대 악한 마음을 지녀서가 아니라 오로지 생존을 위한 본능 때문에 사람의 살을 파고든다. 평론가도 마찬가지다. 평론가는 오로지 사람의 피부 속에 있는 피를 원한다. 그런 이들에게 우리의 고통이나 괴로움 등은 아무것도 아니다.

-『인간적인, 너무나 인간적인』

Die Insecten stechen, nicht aus Bosheit, sondern weil sie auch leben wollen: ebenso unsere Kritiker; sie wollen unser Blut, nicht unsern Schmerz. *Der Dichter hat die Wahl, entweder das Gefühl von einer Stufe zur andern zu heben und es so zuletzt sehr hoch zu steigern — oder es mit einem Ueberfalle zu versuchen und gleich von Beginn an mit aller Gewalt am Glockenstrang zu ziehen. Beides hat seine Gefahren: im ersten Falle läuft ihm vielleicht sein Zuhörer vor Langerweile, im zweiten vor Schrecken davon.*

058

심중 깊은 데서 빛을 내는 자를 부당하게 대하고, 여러 태양을 차갑고 혹독하게 대한다. 모든 태양은 공전하고 있다. 태양들은 자기만의 궤도를 따라 세차게 날아간다. 이것이 태양이 갈 길이다. 태양들은 모질고 가혹한 의지를 좇는다. 이것이 태양의 냉정함이다.
아, 밤처럼 어두운 자들이여. 당신들은 빛을 내어 온기를 일으키는 존재들이다! 아, 당신들은 빛의 젖가슴에서 나오는 젖과 청량제를 마신다! 아, 얼음이 나를 둘러싸고, 내 손은 얼음에 화상을 입는다! 아, 나는 타는 갈증으로 당신들의 갈증을 애타게 기다린다! 어둠이 내렸다. 아, 이제 나는 빛이 되어야 한다! 밤을 향한 갈증이여! 고독이여!
어둠이 내렸다. 이제 내 안에서 말하고자 하는 간절한 염원이 샘솟는다.

– 『차라투스트라는 이렇게 말했다』

059

무언가가 기억되려면 깊은 인상을 남겨야 한다. 끊임없는 고통만이 기억 속에 깊이 각인된다.

-『도덕의 계보학』

위대한 철학자들은 결혼하지 않았다?

니체는 평생 독신으로 살았다. 그렇다고 사랑하는 사람이 없었던 것은 아니다. 루 살로메에게 두 번이나 청혼했지만 거절당해 결혼에 실패했을 뿐. 그렇다면 실제로 니체는 결혼에 관해 어떻게 생각하고 있었을까? 그는『도덕의 계보학』에서 "철학자에게 결혼은 최선의 길을 가는 것을 방해하는 장애물이자 재난"이라고 말했다. 또한 헤라클레이토스, 플라톤, 데카르트, 스피노자, 라이프니츠, 칸트, 쇼펜하우어 등 결혼하지 않은 철학자들의 이름을 대면서 위대한 철학자는 절대 결혼하지 않았다고 주장했다. 다만, 악처를 만나 불행한 결혼 생활을 했던 철학의 아버지 소크라테스는 철학자가 결혼해서는 안 되는 타당한 근거가 되었다고 언급했다.

060

출산하는 여성이 느끼는 통증은 고통 일반을 신성하게 만든다. 발생과 발달, 그리고 미래를 보장하는 것은 모두 고통을 불러일으킨다. 창조로 인한 기쁨을 느끼거나 생에 대한 의지가 무한히 자신을 긍정하려면, 출산하는 여성의 고통 역시 영원히 존재해야 한다.

– 『우상의 황혼』

Alles Einzelne im Akte der Zeugung, der Schwangerschaft, der Geburt erweckte die höchsten und feierlichsten Gefühle. In der Mysterienlehre ist der Schmerz heilig gesprochen: ***die „Wehen der Gebärerin" heiligen den Schmerz überhaupt, — alles Werden und Wachsen, alles Zukunft-Verbürgende bedingt den Schmerz. Damit es die ewige Lust des Schaffens giebt, damit der Wille zum Leben sich ewig selbst bejaht, muss es auch ewig die „Qual der Gebärerin" geben.***

061

인간은 나무와 같다. 그가 밝고 높은 곳을 향해 올라가고자 할수록 그의 뿌리는 더욱 강하게 땅속 깊은 곳으로, 아래로, 어둠 속으로, 그리고 악한 쪽으로 가려 한다.

– 『차라투스트라는 이렇게 말했다』

*Aber der Wind, den wir nicht sehen, der quält und biegt ihn, wohin er will. Wir werden am schlimmsten von unsichtbaren Händen gebogen und gequält. Da erhob sich der Jüngling bestürzt und sagte: „ich höre Zarathustra und eben dachte ich an ihn." Zarathustra entgegnete: „Was erschrickst du desshalb? — **Aber es ist mit dem Menschen wie mit dem Baume. Je mehr er hinauf in die Höhe und Helle will, um so stärker streben seine Wurzeln erdwärts, abwärts, in's Dunkle, Tiefe, — in's Böse."** „Ja in's Böse! rief der Jüngling. Wie ist es möglich, dass du meine Seele entdecktest?"*

062

고독

까마귀 떼 까악 울고

시끄럽게 날개 치는 소리 내며 도시로 떠난다.

머지않아 눈이 오리라.

밟을 고향 땅이 있는 사람은 얼마나 좋을까!

돌처럼 굳은 너는

고개를 뒤로 돌린다. 아, 세월이 얼마나 흘렀나!

곧 추운 겨울인데 밖으로 도망쳐 나온

너는 어리석은 바보다!

바깥세상은 고요하고 스산한

사막으로 향하는 통로다!

네가 잃어버렸던 그것을

똑같이 잃어버린 사람은 어디서도 멈춰 서지 못한다.

너는 핏기 없이 서 있고,

겨울 여행은 저주가 내려졌고,

더 싸늘한 하늘을 바라는

연기처럼 보인다.

까마귀야 날아올라라, 사막에서

세차게 부르짖어라!

어리석은 바보야, 네 피가 흐르는

심장을 치욕 속에 숨겨라!

까마귀 떼 까악 울고

시끄럽게 날개 치는 소리 내며 도시로 떠난다.

머지않아 눈이 오리라.

밟을 고향 땅이 없는 사람은 얼마나 슬플까!

-『유고(1884년 가을)』

„Die Krähen schrei'n Und ziehen schwirren Flugs zur Stadt: Bald wird es schnei'n — Wohl dem, der jetzt noch — Heimat hat! Nun stehst du starr, Schaust rückwärts ach! wie lange schon! Was bist du Narr Vor Winters in die Welt — entflohn? Die Welt — ein Thor Zu tausend Wüsten stumm und kalt! Wer Das verlor, Was du verlorst, macht nirgends Halt.

063

가난하면서도 즐겁고 독립적으로 생활할 수 있다! 가난하면서도 즐겁고 노예처럼 생활할 수도 있다! 노예처럼 일하는 공장 노동자들의 상황이 이보다 나은 것은 아니다. 그들이 현 상황과 같이 기계의 부품이나 인간이 발명한 제품의 보완물로 소진되는 사실을 수치스럽게 여기지 않는다면 말이다! 급여가 높으면 노예의 삶을 근본적으로 극복할 수 있다는 생각은 참 어리석다. 다시 말해, 높은 급여로 비인간적인 노예의 삶이 사라지는 것은 아니다.

– 『아침놀』

Und ich wüsste den Arbeitern der Fabrik-Sclaverei nichts Besseres zu sagen: gesetzt, sie empfinden es nicht überhaupt als Schande, dergestalt, wie es geschieht, als Schrauben einer Maschine und gleichsam als Lückenbüsser der menschlichen Erfindungskunst verbraucht zu werden!

064

서툰 사람들이 나침반 없이 의심의 바다를 항해하는 것은 죽음에 이르는 길이다. 대다수는 거친 폭풍에 익사하고, 극소수만이 새 육지를 찾아낸다.
헤아릴 수 없는 사상의 망망대해에 떠 있는 사람은 육지로 되돌아가 단단한 땅 위에 다시 서고 싶을 것이다.

–「운명과 역사」

Sich in das Meer des Zweifels hinauszuwagen, ohne Kompaß und Führer ist Thorheit und Verderben für unentwickelte Köpfe; die Meisten werden von Stürmen verschlagen, nur sehr wenige entdecken neue Länder. Aus der Mitte des unermeßlichen Ideenozeans sehnt man sich dann oft nach dem festen Lande zurück: wie oft überschlich mich nicht bei fruchtlosen Spekulationen die Sehnsucht zur Geschichte und Naturwissenschaft!

065

냉정에는 성격이 다른 두 가지가 있다. 정신 활동이 쇠해 발생하는 냉정과 자제에서 발생하는 냉정이다. 이 두 가지를 혼동하지 않기 위해서는 전자는 성격이 좋지 않고 후자는 활발하다는 사실에 유의해야 한다.

– 『인간적인, 너무나 인간적인』

Zwei Arten der Nüchternheit. — Um Nüchternheit aus Erschöpfung des Geistes nicht mit Nüchternheit aus Mässigung zu verwechseln, muss man darauf Acht haben, das die erstere übellaunig, die andere frohmüthig ist. *Keinen Tag länger eine Sache gut heissen als sie uns gut scheint, und vor Allem: keinen Tag früher, — das ist das einzige Mittel, sich die Freude ächt zu erhalten: die sonst allzuleicht fade und faul im Geschmacke wird und jetzt für ganze Schichten des Volkes zu den verfälschten Lebensmitteln gehört.*

066

어두운 밤이 오면 모든 사랑하는 자들의 노래가 깊은 잠에서 깨어난다. 나의 영혼도 사랑하는 자의 노래다.

-『차라투스트라는 이렇게 말했다』

『차라투스트라는 이렇게 말했다』는 왜 읽기 힘들까?

이 책은 니체의 가장 대표적인 저서지만, 가장 읽기 힘든 작품이기도 하다. 여러분 중에서도 이 책을 읽으려고 시도했다가 포기한 사람이 꽤 많을 것이다. 이 책은 철학서지만 다른 철학서처럼 명확한 논증으로 이루어지지 않았다. 오히려 차라투스트라의 삶이 소설처럼 전개되고 있고 수많은 잠언이 나열되어 있다. 니체는 이성적 언어만으로는 위대한 메시지를 전하기 어렵다고 판단해 이성적 측면과 함께 감성이 충만한 예술 작품을 만들고자 했다. 게다가 건강 문제로 오랜 시간 책상에 앉아 있지 못해 순간순간 생각날 때마다 짧은 글을 쓰고 이것을 나중에 다시 편집하는 방식으로 책을 써야 했다. 또한 이 책은 비유와 상징을 이용한 은유적 표현이 많아 쉽게 읽히지 않는다. 그래서 문학서로 분류되기도 한다.

067

오, 인간이여! 깊은 자정이 무슨 말을 하는지 주의 깊게 귀 기울여라!
"나는 잠에 빠져 있었다. 나는 잠에 빠져 있었다. 그리고 그 깊은 꿈에서 깨어났다. 세상은 깊다. 대낮에 상상한 것보다 세상은 훨씬 더 깊다. 세상의 슬픔도 깊다. 쾌락은 마음의 상처보다 더 깊다. 슬픔은 쾌락에게 사라져 버리라고 말한다. 하지만 쾌락은 깊고 깊은 영원 불멸을 바란다."

– 『차라투스트라는 이렇게 말했다』

Oh Mensch! Gieb Acht! Was spricht die tiefe Mitternacht? „Ich schlief, ich schlief —, „Aus tiefem Traum bin ich erwacht: — „Die Welt ist tief, „Und tiefer als der Tag gedacht. „Tief ist ihr Weh —, „Lust — tiefer noch als Herzeleid: „Weh spricht: Vergeh! „Doch alle Lust will Ewigkeit —, „— will tiefe, tiefe Ewigkeit!

068

사랑을 받고자 하는 욕구는 자만 가운데서도 가장 커다란 자만에 속한다. (···) 다른 사람들이 우리를 미워하거나 두려워한다고 믿는다면, 그 정도에 관해 잘못 판단하기 쉽다. 한 사람이나 방향, 당파에 관한 우리의 편차를 인지하고 있어도 다른 사람들은 우리를 피상적으로 알고 있고 마찬가지로 피상적으로만 우리를 미워하기 때문이다.

– 『인간적인, 너무나 인간적인』

Geliebt sein wollen. — Die Forderung, geliebt zu werden, ist die grösste der Anmaassungen. (···) Wir irren uns über den Grad, in welchem wir uns gehasst, gefürchtet glauben: weil wir selber zwar gut den Grad unserer Abweichung von einer Person, Richtung, Partei kennen, jene Andern aber uns sehr oberflächlich kennen und desshalb auch nur oberflächlich hassen.

069

명성과 영원

존재의 보좌여!

영원한 조각의 서판이여!

그대가 내게 다가왔는가?

누구도 목도한 적 없는,

그대의 조용한 아름다움이.

뭐? 이것은 내 눈을 피하지 않는다고?

필연의 방패여!

영원한 조각의 서판이여!

— 하지만 그대는 진정 알고 있다.

모든 이가 무엇을 증오하는지,

그대가 영원하다는 것을,

그대가 필연하다는 것을.

내 사랑은 환열한다.

영원토록 필연 속에서만.

필연의 방패여!

존재의 보좌여!

— 어떤 희망도 닿지 못하고,

어떤 부정도 더럽히지 않은,

존재의 영원한 긍정,

나는 영원토록 그대의 긍정이다.

내가 그대를 사랑하므로, 오오, 영원이여!

-『디오니소스 송가』

Höchstes Gestirn des Seins! Ewiger Bildwerke Tafel! Du kommst zu mir? — Was Keiner erschaut hat, deine stumme Schönheit, — wie? sie flieht vor meinen Blicken nicht? Schild der Nothwendigkeit! Ewiger Bildwerke Tafel! — aber du weisst es ja: was Alle hassen, was allein ich liebe, dass du ewig bist! dass du nothwendig bist! Meine Liebe entzündet sich ewig nur an der Nothwendigkeit

070

그대들은 쾌락이 좋은 것이라고 말하는가?

오, 나의 친구들이여. 그렇다면 고통도 좋다고 말하는 것이나 마찬가지다. 세상의 모든 것은 서로 사슬로 이어져 있고, 실로 매듭져 있으며, 사랑으로 맺어져 있기 때문이다.

－『차라투스트라는 이렇게 말했다』

Schmerz ist auch eine Lust, Fluch ist auch ein Segen, Nacht ist auch eine Sonne, — geht davon oder ihr lernt: ein Weiser ist auch ein Narr. ***Sagtet ihr jemals Ja zu Einer Lust? Oh, meine Freunde, so sagtet ihr Ja auch zu allem Wehe. Alle Dinge sind verkettet, verfädelt, verliebt,*** *—— wolltet ihr jemals Ein Mal Zwei Mal, spracht ihr jemals „du gefällst mir, Glück! Husch! Augenblick!" so wolltet ihr Alles zurück! Alles von neuem, Alles ewig, Alles verkettet, verfädelt, verliebt, oh so liebtet ihr die Welt.*

071

진정으로 정신의 자유를 바란다면, 자신의 감정이 마음대로 설치지 않도록 엄격하게 통제해야 한다. 나는 이에 관해 이미 언급한 적이 있다. 하지만 당신은 이 사실을 깨닫지 못한 것인지 내 말을 믿지 않는다.

-『선악의 저편』

*Die Weiber selber haben im Hintergrunde aller persönlichen Eitelkeit immer noch ihre unpersönliche Verachtung — für „das Weib". **Gebunden Herz, freier Geist. — Wenn man sein Herz hart bindet und gefangen legt, kann man seinem Geist viele Freiheiten geben: ich sagte das schon Ein Mal. Aber man glaubt mir's nicht, gesetzt, dass man's nicht schon weiss.** Sehr klugen Personen fängt man an zu misstrauen, wenn sie verlegen werden.*

072

저 잉여 인간들이 하는 짓을 보라! 저들은 더 많은 재물을 탐하지만 그럴수록 더 궁핍해진다. 저들은 권력욕에 사로잡혀, 권력을 얻는 수단인 돈을 탐한다.

날랜 원숭이 같은 저들이 기어오르는 꼴을 보라! 더 높은 곳에 오르려고 앞 다투어 서로를 타고 넘다가 다 같이 진창에 빠진 채 저리들 싸우고 있다. 너도나도 왕좌에 앉으려고 혈안이 되어 있다.

왕좌에 앉으면 행복하리라는 꿈에 취해 있지만 얼빠진 짓이다! 왕좌는 진창 속에 놓여 있지 않은가. 저들은 정신 이상자이자 어리석은 원숭이이자 지나친 야심가다. 저들이 숭배하는 괴물에게서 참기 힘든 시궁창 냄새가 난다.

– 『차라투스트라는 이렇게 말했다』

Seht sie klettern, diese geschwinden Affen! Sie klettern über einander hinweg und zerren sich also in den Schlamm und die Tiefe. Hin zum Throne wollen sie Alle.

073

인간에게 고통이란 쾌락처럼 종족을 지속하는 데 필요한 가장 큰 원동력이다.

-『즐거운 학문』

니체의 건강은 항상 '적신호'였다?

니체는 아버지와 남동생을 먼저 떠나보내고 할머니와 어머니, 여동생, 고모들의 갈등 속에서 지내는 바람에 어린 시절부터 심리 상태가 불안정했다. 위장 장애, 만성 두통, 눈 통증도 어릴 때부터 나타났다. 군대에 있을 때는 말에서 떨어지는 바람에 조기 전역했고, 교수가 된 뒤로도 두통과 시력 저하로 고생했다. 건강이 계속 안 좋아진 니체는 결국 교수직에서 물러나 휴양 여행을 떠나기도 했다. 로마 여행 중 루 살로메를 만나 그에게 청혼했지만 거절당한 충격으로 병은 더 깊어졌고, 이때부터 우울증과 불면증에 시달렸다. 그러던 어느 날, 니체는 카를로 알베르트 광장에서 채찍에 맞는 말을 감싸다가 쓰러졌다. 이후 10여 년간 과대망상과 같은 정신 질환에 시달리다가 비교적 이른 나이인 56세에 세상을 떠났다.

074

우주의 이치를 깨달은 자에게 인간은 붉은 뺨을 지닌 짐승이다. 왜 인간의 뺨은 붉을까? 너무 자주 수치심을 느끼기 때문이다. 친구여, 우주의 이치를 깨달은 자는 말한다. 수치심이 인류의 역사라고.

–『차라투스트라는 이렇게 말했다』

*Meine Freunde, es kam eine Spottrede zu eurem Freunde: „seht nur Zarathustra! Wandelt er nicht unter uns wie unter Thieren?" Aber so ist es besser geredet: **„der Erkennende wandelt unter Menschen als unter Thieren." Der Mensch selber aber heisst dem Erkennenden: das Thier, das rothe Backen hat. Wie geschah ihm das? Ist es nicht, weil er sich zu oft hat schämen müssen? Oh meine Freunde! So spricht der Erkennende: Scham, Scham, Scham — das ist die Geschichte des Menschen!***

075

질병은 인식의 수단이자 인식을 낚아 올리는 낚싯바늘로서 정신의 자유에 이르기 위해 꼭 필요하다. 정신의 자유는 자기 통제이자 수양이며, 수많은 대립된 사유 방식에 다다르는 여러 길을 인정한다. 또한 넘치는 풍요의 내면적 방대함과 자유분방함에 이르기까지, 정신이 자신의 길에 있으면서도 자신을 잃고 방탕하며 한 구석에 취해 주저앉아 버리게 될 위험을 몰아 주는 것이다.
건강의 표지이자 유연하고 질병을 완치하며 치유해 주는 힘이 넘쳐흐르기까지의 길도 여전히 멀다.

– 『인간적인, 너무나 인간적인』

Als eines Mittels und Angelhakens der Erkenntniss, bis zu jener reifen Freiheit des Geistes, welche ebensosehr Selbstbeherrschung und Zucht des Herzens ist und die Wege zu vielen und entgegengesetzten Denkweisen erlaubt,

076

허영심과 자기애가 강한 사람일수록
천재를 더 예찬한다. 천재를 자신과는
거리가 먼 기적과 같은 존재로 규정해야
기분이 상하지 않기 때문이다.

-『인간적인, 너무나 인간적인』

Weil wir gut von uns denken, aber doch durchaus nicht von uns erwarten, dass wir je den Entwurf eines Rafaelischen Gemäldes oder eine solche Scene wie die eines Shakespeare'schen Drama's machen könnten, reden wir uns ein, das Vermögen dazu sei ganz übermässig wunderbar, ein ganz seltener Zufall, oder, wenn wir noch religiös empfinden, eine Begnadigung von Oben. So fördert unsere Eitelkeit, unsere Selbstliebe, den Cultus des Genius': denn nur wenn dieser ganz fern von uns gedacht ist, als ein miraculum, verletzt er nicht.

077

그대들은 고통 때문에 다른 사람에게 잘못을 저질렀을 때 다른 사람이 그대들을 너그럽게 이해해 주기를 바란다. 하지만 다른 사람의 너그러움은 그다지 중요하지 않다. 그대들은 자신을 위해 좀 더 신중하게 생각해 봐야 한다. 고통을 줄이는 훌륭한 방법 중 하나는 자신의 판단을 바꾸는 것이다.

－『아침놀』

Ihr leidet, und verlangt, dass wir nachsichtig gegen euch sind, wenn ihr im Leiden den Dingen und Menschen Unrecht thut! Aber was liegt an unserer Nachsicht! Ihr aber solltet vorsichtiger um euer selbst willen sein! Das ist eine schöne Art, sich für sein Leiden so zu entschädigen, dass man noch dazu sein Urtheil schädigt! *Auf euch selber fällt eure eigne Rache zurück, wenn ihr Etwas verunglimpft; ihr trübt damit euer Auge, nicht das der Anderen: ihr gewöhnt euch an das Falsch- und Schief-Sehen!*

078

다른 사람이 우리와는 완전히 다른 방식이나 반대되는 방식으로 살고 일하고 느낀다는 사실을 이해하고 다른 사람을 행복하게 하는 것. 이것이 사랑이 아니라면 과연 무엇일까? 갈등을 기쁨으로 이겨 내려면, 사랑이 갈등 상황을 부정하거나 지양해서는 안 된다. 자신에 대한 사랑도 한 사람 내면에서 서로 섞일 수 없는 이원성 혹은 다원성을 포함하고 있다.

-『인간적인, 너무나 인간적인』

Was ist denn Liebe anders als verstehen und sich darüber freuen, dass ein Andrer in andrer und entgegengesetzter Weise, als wir, lebt, wirkt und empfindet? Damit die Liebe die Gegensätze durch Freude überbrücke, darf sie dieselben nicht aufheben, nicht leugnen. — Sogar die Selbstliebe enthält die unvermischbare Zweiheit (oder Vielheit) in Einer Person als Voraussetzung.

079

희망은 모든 악 중에서도 최악이다. 인간의 고통을 한없이 연장하기 때문이다.

–『인간적인, 너무나 인간적인』

니체는 기독교를 통째로 부정했다?

니체의 할아버지는 루터파 기독교 목사였고, 아버지도 뒤를 이어 목사가 되었다. 니체의 어머니도 목사의 딸이었다. 이처럼 니체는 독실한 기독교 가정에서 태어났지만, "신은 죽었다."라고 주장하면서 기독교를 신랄하게 비판했다. 니체는 정말 기독교를 부정한 것일까? 실제로 니체가 비판한 것은 기독교 자체가 아니라 기독교 성직자들이 세운 교회였다. 예수는 사랑을 통한 구원과 마음의 천국을 가르쳤지만, 교회는 예수의 가르침을 왜곡하고 유일신 사상과 믿음을 통한 구원, 부활과 심판만 강조했다. 니체는 교회가 예수를 다시 십자가에 못 박아 죽였다고 주장했다. 그는 누구보다도 예수의 가르침이 부활하기를 바라며 기독교의 진정한 의미를 찾기 위해 노력한 사람이었다.

080

세상에서 가장 다치기 쉽고 극복하기 어려운 것은 바로 인간의 허영심이다. 아니, 인간의 허영심은 다치는 순간 오히려 강력해져서 기가 막힐 정도로 크게 부풀어 오른다.

–『인간적인, 너무나 인간적인』

Menschen, die lange ausser sich lebten und endlich sich dem philosophischen Innen- und Binnenleben zuwandten, wissen, dass es auch ein Sich-wund-liegen von Gemüth und Geist giebt. Diess ist also kein Argument gegen die gewählte Lebensweise im Ganzen, macht aber einige kleine Ausnahmen und scheinbare Rückfälligkeiten nöthig. ***Das verwundbarste Ding und doch das unbesiegbarste ist die menschliche Eitelkeit: ja durch die Verwundung wächst seine Kraft und kann zuletzt riesengross werden.***

081

갑작스레 사랑하는 감정이 일어나지 않게 주의하라. 그대는 아무에게나 마음대로 손을 내밀면 안 된다. 굳이 내밀고 싶다면 앞발을 내밀라. 그대의 앞발에 발톱까지 있으면 더 좋겠지만.

–『차라투스트라는 이렇게 말했다』

Und hüte dich vor den Guten und Gerechten! Sie kreuzigen gerne Die, welche sich ihre eigne Tugend erfinden, — sie hassen den Einsamen. Hüte dich auch vor der heiligen Einfalt! Alles ist ihr unheilig, was nicht einfältig ist; sie spielt auch gerne mit dem Feuer — der Scheiterhaufen. ***Und hüte dich auch vor den Anfällen deiner Liebe! Zu schnell streckt der Einsame Dem die Hand entgegen, der ihm begegnet. Manchem Menschen darfst du nicht die Hand geben, sondern nur die Tatze: und ich will, dass deine Tatze auch Krallen habe.***

082

영원한 그대들이여, 이러한 세계를 영원히 사랑하라.

고통을 향해서는 이렇게 말하라.

"사라져라. 하지만 되돌아오라!"

모든 쾌락은 영원을 바라기 때문이다.

– 『차라투스트라는 이렇게 말했다』

Ein Weiser ist auch ein Narr. Sagtet ihr jemals Ja zu Einer Lust? Oh, meine Freunde, so sagtet ihr Ja auch zu allem Wehe. Alle Dinge sind verkettet, verfädelt, verliebt, —— wolltet ihr jemals Ein Mal Zwei Mal, spracht ihr jemals „du gefällst mir, Glück! Husch! Augenblick!" so wolltet ihr Alles zurück! — Alles von neuem, Alles ewig, Alles verkettet, verfädelt, verliebt, oh so liebtet ihr die Welt, —— ***ihr Ewigen, liebt sie ewig und allezeit: und auch zum Weh sprecht ihr: vergeh, aber komm zurück! Denn alle Lust will — Ewigkeit!***

083

의욕이 있는 사람은 자신이 되돌아갈 수 없다는 사실 때문에 고통을 받는다. 따라서 의욕 자체와 일체의 생은 그 자체로 징벌이다.

-『차라투스트라는 이렇게 말했다』

__Und weil im Wollenden selber Leid ist, darob dass es nicht zurück wollen kann, — also sollte Wollen selber und alles Leben — Strafe sein!__ Und nun wälzte sich Wolke auf Wolke über den Geist: bis endlich der Wahnsinn predigte: „Alles vergeht, darum ist Alles Werth zu vergehn!" „Und diess ist selber Gerechtigkeit, jenes Gesetz der Zeit, dass sie ihre Kinder fressen muss": also predigte der Wahnsinn. „Sittlich sind die Dinge geordnet nach Recht und Strafe. Oh wo ist die Erlösung vom Fluss der Dinge und der Strafe „Dasein"?" Also predigte der Wahnsinn.

PART 2에서 여러분의 마음을 움직인 문장이나 구절을 적어 보세요. 그리고 '니체의 생각'에 이어 '여러분의 생각'도 덧붙여 보세요.

PART 3

살아 있는 한, 더욱 강해지리라

- '용기와 꿈'에 관한 13가지 잠언들

084

그대, 대범한 탐험가와 모험가들. 영민함이라는 돛을 달고 위험한 바다를 항해했던 자들에게, 그대, 수수께끼에 빠져 있는 자들. 불명확함을 즐기는 자들, 피리 소리로도 온갖 미궁 속에 끌려 들어가는 자들에게. 그대들이 그럴 수밖에 없는 것은 겁먹은 손으로 한 가닥 실도 찾아보려 하지 않기 때문이다. 그대들은 예측할 수 있는 곳에서는 추론하려 하지 않는다.

- 『이 사람을 보라』

Euch, den kühnen Suchern, Versuchern, und wer je sich mit listigen Segeln auf furchtbare Meere einschiffte, —euch, den Räthsel-Trunkenen, den Zwielicht-Frohen, deren Seele mit Flöten zu jedem Irrschlunde gelockt wird: — denn nicht wollt ihr mit feiger Hand einem Faden nachtasten; und wo ihr errathen könnt, da hasst ihr es, zu erschliessen.

085

공개적으로 원대한 목표를 내세웠지만, 시간이 흐를수록 목표를 달성하기에 스스로가 너무 미약하다는 사실을 깨닫게 된다. 이런 경우 대개 공개적으로 목표를 취소할 용기도 없어 결국 위선자가 되고 만다.

– 『인간적인, 너무나 인간적인』

Wer sich öffentlich grosse Ziele stellt und hinterdrein im Geheimen einsieht, dass er dazu zu schwach ist, hat gewöhnlich auch nicht Kraft genug, jene Ziele öffentlich zu widerrufen und wird dann unvermeidlich zum Heuchler. *Starke Wasser reissen viel Gestein und Gestrüpp mit sich fort, starke Geister viel dumme und verworrene Köpfe. Bei der ernstlich gemeinten geistigen Befreiung eines Menschen hoffen im Stillen auch seine Leidenschaften und Begierden ihren Vortheil sich zu ersehen.*

086

바다는 사납다. 바다에는 모든 것이 존재한다. 늙은 뱃사람아! 선조의 땅이 무슨 소용이란 말이냐! 우리의 조타수는 후손의 땅을 향해 배를 몰고 가려 한다! 저 먼 곳으로 우리의 갈망이 바다의 폭풍보다 더 사납게 몰아친다.

–『차라투스트라는 이렇게 말했다』

Alles ist in den Grund hinein verlogen und verbogen durch die Guten. Aber wer das Land „Mensch" entdeckte, entdeckte auch das Land „Menschen-Zukunft". Nun sollt ihr mir Seefahrer sein, wackere, geduldsame! Aufrecht geht mir bei Zeiten, oh meine Brüder, lernt aufrecht gehn! Das Meer stürmt: Viele wollen an euch sich wieder aufrichten. ***Das Meer stürmt: Alles ist im Meere. Wohlan! Wohlauf! Ihr alten Seemanns-Herzen! Was Vaterland! Dorthin will unser Steuer, wo unser Kinder-Land ist! Dorthinaus, stürmischer als das Meer, stürmt unsre grosse Sehnsucht!***

087

용기는 파괴를 일삼는다. 용기 있는 사람은 동정마저 파괴한다. 그런데 동정이야말로 인간의 가장 깊은 심연이다. 인간은 인생에 관해 깊이 성찰하면 고통도 깊이 꿰뚫어 볼 수 있다.
용기는 살인자이기도 하다. 누군가를 해치는 용기는 죽음마저 죽음에 이르게 한다. 용기는 이렇게 말한다.
"이것이, 이것이 정녕 인생이란 말이냐? 좋아! 그럼 한 번 더!"

– 『차라투스트라는 이렇게 말했다』

Muth ist der beste Todtschläger: der Muth schlägt auch das Mitleiden todt. Mitleiden aber ist der tiefste Abgrund: so tief der Mensch in das Leben sieht, so tief sieht er auch in das Leiden. Muth aber ist der beste Todtschläger, Muth, der angreift: der schlägt noch den Tod todt, denn er spricht: „War das das Leben? Wohlan! Noch Ein Mal!“

088

나를 파괴하지 못하는 것은 나를 더욱 강하게 만든다.
살아 있는 한, 나는 더욱 강해지리라.

-『우상의 황혼』

니체를 '철학의 길'로 들어서게 한 철학자는?

니체는 대학 시절, 우연히 중고 책방에서 쇼펜하우어의『의지와 표상으로서의 세계』라는 책을 읽은 후 철학의 길로 발을 들여놓기 시작했다. 평소 기독교에 회의를 느꼈던 니체는 종교와 신이 인간의 창조물에 불과하다는 쇼펜하우어의 주장에 깊이 공감했다. 삶을 고통의 연속으로 보는 쇼펜하우어의 비관적 사상도 니체에게 큰 영향을 미쳤다. 무엇보다 니체 철학의 핵심 중 하나인 '힘에의 의지'는 쇼펜하우어의 '의지' 개념에 빚진 바가 크다. 쇼펜하우어는 세계는 '의지'들의 투쟁으로 움직이고 의지가 성취되더라도 욕망은 끊임없이 생기므로 우리는 고통을 겪을 수밖에 없다고 생각했다. 그래서 체념만이 해결책이라는 염세주의적 태도를 보였다. 하지만 니체는 끊임없이 자기 욕망을 절제하고 극복해야 한다는 능동적 허무주의를 택했다.

089

우리는 흔들리고 있다. 그렇다고 걱정에 빠지거나 새롭게 손에 넣은 것을 내려놓지 않아도 된다. 다시 옛날로 돌아가지도 못한다. 배는 이미 불태워 버렸다. 이제 용감해지는 것밖에 방법이 없다.

-『인간적인, 너무나 인간적인』

Aber so geht es dem Soldaten, welcher marschiren lernt; er ist eine Zeit lang unsicherer und unbeholfener als je, weil die Muskeln bald nach dem alten System, bald nach dem neuen bewegt werden und noch keines entschieden den Sieg behauptet. ***Wir schwanken, aber es ist nöthig, dadurch nicht ängstlich zu werden und das Neu-Errungene etwa preiszugeben. Ueberdiess können wir in's Alte nicht zurück, wir haben die Schiffe verbrannt; es bleibt nur übrig, tapfer zu sein, mag nun dabei diess oder jenes herauskommen.***

090

어린아이는 순수이자 망각이고, 새로운 시작이면서 놀이다. 또한 스스로 굴러가는 수레바퀴이고, 첫 번째 움직임이며, 신성한 긍정이다. 형제들이여, 창조라는 놀이를 위해서는 신성한 긍정이 있어야 한다. 이제 영혼은 자신의 의지를 원하고, 세계를 잃어버린 사람은 자신의 세계를 되찾는다.

–『차라투스트라는 이렇게 말했다』

Aber sagt, meine Brüder, was vermag noch das Kind, das auch der Löwe nicht vermochte? Was muss der raubende Löwe auch noch zum Kinde werden? ***Unschuld ist das Kind und Vergessen, ein Neubeginnen, ein Spiel, ein aus sich rollendes Rad, eine erste Bewegung, ein heiliges Ja-sagen. Ja, zum Spiele des Schaffens, meine Brüder, bedarf es eines heiligen Ja-sagens: seinen Willen will nun der Geist, seine Welt gewinnt sich der Weltverlorene.***

091

자신의 조급한 성격, 짜증이나 복수심, 탐욕을 이겨 내는 대가는 되지 않으려고 하면서 이외의 다른 장소에서 대가가 되고자 하는 사람은 급류에 대한 아무런 대비도 하지 않은 채 근처에서 땅을 가꾸는 농부와 마찬가지로 어리석은 자다.

-『인간적인, 너무나 인간적인』

In welcher Aera leben wir? In welcher lebst du? Ein Mensch, der über seinen Jähzorn, seine Gall- und Rachsucht, seine Wollust nicht Meister werden will und es versucht, irgendworin sonst Meister zu werden, ist so dumm wie der Ackermann, der neben einem Wildbach seine Aecker anlegt, ohne sich gegen ihn zu schützen. Schwarzert (Melanchthon): „Man predigt oft seinen Glauben, wenn man ihn gerade verloren hat und auf allen Gassen sucht, — und man predigt ihn dann nicht am schlechtesten!

092

Und nun verleumdeten sie alle hohen Hoffnungen. Nun lebten sie frech in kurzen Lüsten, und über den Tag hin warfen sie kaum noch Ziele. „Geist ist auch Wollust" — so sagten sie. Da zerbrachen ihrem Geiste die Flügel: nun kriecht er herum und beschmutzt im Nagen. Einst dachten sie Helden zu werden: Lüstlinge sind es jetzt. Ein Gram und ein Grauen ist ihnen der Held. ***Aber bei meiner Liebe und Hoffnung beschwöre ich dich: wirf den Helden in deiner Seele nicht weg! Halte heilig deine höchste Hoffnung!***

당신은 소망과 사랑을 결코 포기하지 않았으면 좋겠다. 당신의 마음속 영웅을 결코 떠나보내지 말았으면 좋겠다. 당신이 추구하는 인생의 정상을 신성한 곳으로 믿으며 계속 바라보았으면 좋겠다.

- 『차라투스트라는 이렇게 말했다』

093

잘못에는 기꺼이 책임지려 하면서 왜 꿈에는 책임지려 하지 않는가? 다른 누구도 아닌 자신의 꿈 아닌가? 당신들은 불쌍할 정도로 약하고 일관된 용기가 부족하다! 세상에서 당신들의 꿈보다 당신들을 잘 보여 주는 것은 없다!

-『아침놀』

In Allem wollt ihr verantwortlich sein! Nur nicht für eure Träume! Welche elende Schwächlichkeit, welcher Mangel an folgerichtigem Muthe! Nichts ist mehr euer Eigen, als eure Träume! *Nichts mehr euer Werk! Stoff, Form, Dauer, Schauspieler, Zuschauer, — in diesen Komödien seid ihr Alles ihr selber! Und hier gerade scheut und schämt ihr euch vor euch, und schon Oedipus, der weise Oedipus wusste sich Trost aus dem Gedanken zu schöpfen, dass wir Nichts für Das können, was wir träumen!*

094

당신은 가장 앞서서 달리고 있는가? 그럼 선구자인가, 아니면 낙오자인가? 둘 중 아무것도 아니라면 도망자일 뿐이다.

– 『우상의 황혼』

니체는 '예술가'의 소질이 있었다?

니체는 어린 시절부터 예술가의 소질을 보이기 시작했다. 특히 아버지로부터 물려받은 음악적 재능이 뛰어났다. 불과 열 살밖에 되지 않은 나이에 음악을 작곡했고, 시도 50편 가까이 창작했다. 니체는 어릴 때부터 모차르트, 하이든, 슈베르트, 베토벤 등 수많은 작곡가의 음악을 즐겨 듣고 연주했다. 학창 시절 친한 친구였던 크루크와 핀더의 아버지들로부터 음악과 문학을 배워 소양을 쌓기도 했다. 이 친구들과는 '게르마니아'라는 예술 문학 소모임을 만들었는데, 이때 니체는 바그너의 음악을 처음 접하게 되었다. 바그너의 음악에 매료된 니체는 실제로 바그너와 깊이 교우하는 관계가 되었다. 예술을 사랑한 니체는 자신의 사상을 담은 저작들도 예술 작품처럼 만들고자 했다.

095

위대한 승리의 가장 좋은 점을 꼽으라면, 승리자에게서 패배의 두려움을 없애 준다는 것이다. 그는 다음과 같이 생각한다.

'한 번 정도는 패배해도 나쁘지 않겠군. 지금은 이러한 사실을 수용할 만큼 여유가 있어.'

-『즐거운 학문』

Das Beste an einem grossen Siege ist, dass er dem Sieger die Furcht vor einer Niederlage nimmt. „Warum nicht auch einmal unterliegen? — sagt er sich: ich bin jetzt reich genug dazu“. *Ich erkenne die Geister, welche Ruhe suchen, an den vielen dunklen Gegenständen, welche sie um sich aufstellen: wer schlafen will, macht sein Zimmer dunkel oder kriecht in eine Höhle. — Ein Wink für Die, welche nicht wissen, was sie eigentlich am meisten suchen, und es wissen möchten!*

096

어찌하여 그토록 쉽게 항복하는가? 어찌하여 너희는 비관적인 생각으로 가득한가? 어찌하여 너희 눈빛에는 운명이 거의 남아 있지 않은가? 너희가 운명이고자 하지 않은데 어떻게 나와 더불어 승리를 거머쥘 수 있겠는가?

– 『차라투스트라는 이렇게 말했다』

Warum so weich, so weichend und nachgebend? Warum ist so viel Leugnung, Verleugnung in eurem Herzen? So wenig Schicksal in eurem Blicke? Und wollt ihr nicht Schicksale sein und Unerbittliche: wie könntet ihr mit mir — siegen? *Und wenn eure Härte nicht blitzen und scheiden und zerschneiden will: wie könntet ihr einst mit mir — schaffen? Die Schaffenden nämlich sind hart. Und Seligkeit muss es euch dünken, eure Hand auf Jahrtausende zu drücken wie auf Wachs.*

PART 3에서 여러분의 마음을 움직인 문장이나 구절을 적어 보세요. 그리고 '니체의 생각'에 이어 '여러분의 생각'도 덧붙여 보세요.

PART 4

나의 존재 의미를 실감하는 순간

- '타인과의 관계'에 관한 26가지 잠언들

097

자신을 심오하게 아는 자는 분명함을 찾으려 노력하고, 군중에게 자신을 심오하게 보이려고 하는 자는 애매함을 밝히려 노력한다. 군중은 바닥이 보이지 않는 모든 것을 깊이 있는 것이라고 생각하기 때문이다. 그들은 겁이 많아서 물속에 들어가려고 하지 않는다.

-『즐거운 학문』

Wer sich tief weiss, bemüht sich um Klarheit; wer der Menge tief scheinen möchte, bemüht sich um Dunkelheit. Denn die Menge hält Alles für tief, dessen Grund sie nicht sehen kann: sie ist so furchtsam und geht so ungern in's Wasser. *Der Parlamentarismus, das heisst die öffentliche Erlaubniss, zwischen fünf politischen Grundmeinungen wählen zu dürfen, schmeichelt sich bei jenen Vielen ein, welche gerne selbständig und individuell scheinen und für ihre Meinungen kämpfen möchten.*

098

결혼을 앞두고 있다면, 먼저 자신에게 이런 질문을 던져 보라. 나이가 들어서도 이 사람과 지금처럼 즐겁게 이야기를 나눌 수 있을까? 결혼 생활을 할 때 다른 모든 것은 일시적이지만, 배우자와 함께할 대부분의 시간은 대화로 이루어져 있다.

– 『인간적인, 너무나 인간적인』

Der Mann ist zu beklagen, der sich mit solchen fast gespenstischen, nothwendig unbefriedigenden Wesen einlässt, aber gerade sie vermögen das Verlangen des Mannes auf das stärkste zu erregen: er sucht nach ihrer Seele — und sucht immer fort. ***Man soll sich beim Eingehen einer Ehe die Frage vorlegen: glaubst du, dich mit dieser Frau bis in's Alter hinein gut zu unterhalten? Alles Andere in der Ehe ist transitorisch, aber die meiste Zeit des Verkehrs gehört dem Gespräche an.***

099

간발의 차이로 상대를 이길 것 같으면 승부를 겨루어서는 안 된다. 멋진 승리는 패배한 사람에게도 기쁨을 안겨 준다. 패배자가 치욕을 벗을 수 있을 만큼 신성해야 진정한 승리라 할 수 있다.

-『인간적인, 너무나 인간적인』

Man soll nicht siegen wollen, wenn man nur die Aussicht hat, um eines Haares Breite seinen Gegner zu überholen. Der gute Sieg muss den Besiegten freudig stimmen, er muss etwas Göttliches haben, welches die Beschämung erspart. *Die überlegenen Geister haben Mühe, sich von einem Wahne frei zu machen: sie bilden sich nämlich ein, dass sie bei den Mittelmässigen Neid erregen und als Ausnahme empfunden werden. Thatsächlich über werden sie als Das empfunden, was überflüssig ist und was man, wenn es fehlte, nicht entbehren würde.*

100

누구라도 다른 사람이 자신을 어떻게 생각하는지 알고 싶어 한다. 대부분은 다른 사람이 자신을 좋게 기억해 주기를 바란다. 어느 정도는 훌륭하게 생각해 주기를 바란다. 또한 자신이 상대의 중요한 인간의 부류에 속하기를 바란다. 하지만 다른 사람의 평가에만 신경을 써서 남의 모든 이야기에 관심을 기울이는 것은 옳지 않다. 항상 좋은 평만을 들을 수는 없기 때문이다. 오히려 자신이 바라는 것과 반대되는 평을 받기 일쑤다. 이런 현실 속에서도 자신에 대한 평가에 과하게 신경을 써 괜히 화를 내거나 상대를 원망할 필요가 없다. 다른 사람이 자신을 어떻게 생각하는지 과하게 신경 쓰지 말라. 그렇게 하지 않으면 실은 분노를 사고 있는지도 모르면서 사장, 선생과 같은 호칭으로 불리는 것에만 안심과 쾌감을 보이는 인간 따위로 타락할지도 모른다.

–『인간적인, 너무나 인간적인』

101

사랑하거나 사랑받기 위해서는 자신을 아는 것에서부터 시작해야 한다. 자신을 알지 못하면 상대도 알 수가 없다.

–『아침놀』

니체는 콧수염을 언제부터 길렀을까?

니체는 수많은 독사진을 남겼다. 니체의 사진을 보면 콧수염을 풍성하게 기른 모습이 눈에 띈다. 물론 어린 시절에는 콧수염이 없었지만, 성인이 된 이후로는 어느 순간부터 콧수염을 길러 죽을 때까지 자르지 않았다. 콧수염은 니체만의 트레이드마크가 되었다. 그렇다면 니체는 언제부터 콧수염을 기르기 시작했을까? 그는 25세 때 리츨 교수의 추천으로 바젤 대학의 교수로 가게 된다. 학생들과 나이 차이가 거의 나지 않았기 때문에 권위적이고 근엄한 이미지가 필요했고, 그 방편으로 콧수염을 길렀던 것이다. 니체는『아침놀』에서 "가장 온당하고 공정한 사람도 콧수염을 풍성하게 기르고 있다면 (…) 사람들은 보통 그를 풍성한 콧수염의 부속품으로 여길 것이다."라고 말하기도 했다.

102

가장 가까운 친구 사이에서도 느끼는 정도가 얼마나 다르지, 의견이 얼마나 갈리는지 생각해 보라. 같은 의견이어도 친구의 생각과 당신의 생각은 위치나 강도가 얼마나 다른지. 오해나 적대심으로 피해 버리는 일이 얼마나 많은지. 이러한 생각이 끝난 후 당신은 스스로에게 다음과 같이 말할 것이다. 우리의 동맹과 우정이 자리한 이 땅은 얼마나 불안정한가. 차가운 폭우나 악천후는 얼마나 가까이에 있는가. 우리 모두는 얼마나 외로운가!

– 『인간적인, 너무나 인간적인』

Wie hundertfältig der Anlass kommt zum Missverstehen, zum feindseligen Auseinanderfliehen. Nach alledem wirst du dir sagen: wie unsicher ist der Boden, auf dem alle unsere Bündnisse und Freundschaften ruhen, wie nahe sind kalte Regengüsse oder böse Wetter, wie vereinsamt ist jeder Mensch!

103

당신이 저지른 비난과 복수는 그대로 당신에게 돌아온다. 복수는 타인의 눈이 아닌 바로 나 자신의 눈을 멀게 한다. 당신은 그릇되고 왜곡된 시선으로 보는 것에 익숙해져 버린다!

-『아침놀』

Auf euch selber fällt eure eigne Rache zurück, wenn ihr Etwas verunglimpft; ihr trübt damit euer Auge, nicht das der Anderen: ihr gewöhnt euch an das Falsch- und Schief-Sehen! *„Sich begeistert hingeben", „sich selber zum Opfer bringen" — diess sind die Stichworte eurer Moral, und ich glaube es gerne, dass ihr, wie ihr sagt, „es damit ehrlich meint": nur kenne ich euch besser, als ihr euch kennt, wenn eure „Ehrlichkeit" mit einer solchen Moral Arm in Arm zu gehen vermag. „Sich begeistert hingeben", „sich selber zum Opfer bringen".*

104

한 사람은 자신의 사고를 위해 산파를 찾고, 또 다른 사람은 자신이 지닌 산파술을 필요로 하는 사람을 찾는다. 이것이 훌륭한 대화로 발전할 수 있는 방법이다.

–『선악의 저편』

Von den Sinnen her kommt erst alle Glaubwürdigkeit, alles gute Gewissen, aller Augenschein der Wahrheit. Der Pharisäismus ist nicht eine Entartung am guten Menschen: ein gutes Stück davon ist vielmehr die Bedingung von allem Gut-sein. ***Der Eine sucht einen Geburtshelfer für seine Gedanken, der Andre Einen, dem er helfen kann: so entsteht ein gutes Gespräch.*** *Im Verkehre mit Gelehrten und Künstlern verrechnet man sich leicht in umgekehrter Richtung: man findet hinter einem merkwürdigen Gelehrten nicht selten einen mittelmässigen Menschen, und hinter einem mittelmässigen Künstler sogar oft.*

105

남자들이여, 여자는 어떤 사람을 가장 싫어할까?
쇳조각이 자석에게 다음과 같이 말했다고 한다.
"내가 널 왜 싫어하는지 알아? 날 끌어당기기만 하지,
옆에 붙들어 놓을 만큼 충분히 강하진 않거든."

- 『차라투스트라는 이렇게 말했다』

Der Mann fürchte sich vor dem Weibe, wenn es liebt: da bringt es jedes Opfer. und jedes andre Ding gilt ihm ohne Werth. Der Mann fürchte sich vor dem Weibe, wenn es hasst: denn der Mann ist im Grunde der Seele nur böse, das Weib aber ist dort schlecht.

Wen hasst das Weib am meisten? — Also sprach das Eisen zum Magneten: „ich hasse dich am meisten, weil du anziehst, aber nicht stark genug bist, an dich zu ziehen." *Das Glück des Mannes heisst: ich will. Das Glück des Weibes heisst: er will.*

106

친구들 사이에서

1

서로 아무 말 없이 있어도 좋고
마주 보고 웃으면 더욱 좋다.
비단처럼 펼쳐진 하늘 아래
이끼 낀 너도밤나무에 기대어
친구들과 즐겁게 큰 소리로 웃으면,
하얀 이를 씩 드러내며 웃으면,

내가 명석하면 우리는 아무 말 없고,
내가 바보스러우면 우리는 웃는다.
그래서 더더욱 바보 같은 짓을 하게 된다.
우리가 무덤 속으로 들어갈 때까지.

(…)

2

변명하지 않겠네. 용서도 구하지 않겠네.

활력 넘치고 자유로운 친구들이여!

이 못난 책에

잠시 귀와 가슴을 맡기고 머물러 보게나.

친구들이여, 나를 한번 믿어 줘.

내 못난 말이 저주가 되지는 않을 거야.

내가 그동안 바라고 찾았던 것이

어느 책에 있었던가?

내 안의 바보스러움을 받들게.

이 바보가 쓴 책에서 깨우치게.

이성이 어떻게 오고 어떻게 돌아가는지를.

친구들이여, 또 그렇게 해야만 하는가?

아멘! 안녕!

-『인간적인, 너무나 인간적인』

107

바람직한 우정이 성립하려면, 상대방을 자신보다 더 존중하고 자신만큼은 아니더라도 상대방을 사랑해야 한다. 그리고 수월하게 우정을 나누기 위해 친밀함이라는 보드라운 외양과 솜털을 덧붙이는 방법을 인지하고 있어야 한다. 하지만 동시에 실제적이면서도 적절한 친밀함과 자신과 상대방이 혼동되지 않도록 현명하게 지속시켜야 한다.

-『인간적인, 너무나 인간적인』

Die gute Freundschaft entsteht, wenn man den Anderen sehr achtet und zwar mehr als sich selbst, wenn man ebenfalls ihn liebt, jedoch nicht so sehr als sich, und wenn man endlich, zur Erleichterung des Verkehrs, den zarten Anstrich und Flaum der Intimität hinzuzuthun versteht, zugleich aber sich der wirklichen und eigentlichen Intimität und der Verwechselung von Ich und Du weislich enthält.

108

다른 사람을 판단하거나 평가하지 않는 것. 다른 사람에 관한 소문을 내지 않는 것. 다른 사람에 관해 추측이나 상상조차 하지 않는 것. 이것이 좋은 인간성을 지닌 사람의 특징이다.

-『아침놀』

Es ist oft kein geringes Zeichen von Humanität, einen Andern nicht beurtheilen zu wollen und sich zu weigern, über ihn zu denken. *Wie viele ächte individuelle Handlungen werden desshalb unterlassen, weil man, bevor man sie thut, einsieht oder argwöhnt, dass sie missverstanden werden! — also gerade jene Handlungen, welche überhaupt Werth haben, im Guten und Schlimmen. Je höher also eine Zeit, ein Volk die Individuen achtet und je mehr man ihnen das Recht und Übergewicht zugesteht, um so mehr Handlungen jener Art werden sich an's Licht wagen.*

109

사고의 폭이나 범위가 다른 사람보다 넓고 깊은 자는 조직이나 이해 집단에 소속되기에는 적당하지 않다. 이와 같은 사람은 어느새 조직이나 이해 집단의 좁은 세계를 뛰어넘어 더 넓은 차원의 사고를 하기 때문이다.

– 『인간적인, 너무나 인간적인』

Es ist das Zeichen einer tyrannischen und unedlen Natur, in allen möglichen Erben seines Werkes seine Gegner zu sehen und gegen sie im Stande der Nothwehr zu leben. ***Wer viel denkt, eignet sich nicht zum Parteimann: er denkt sich zu bald durch die Partei hindurch.*** *Der Vortheil des schlechten Gedächtnisses ist, dass man die selben guten Dinge mehrere Male zum Ersten Male geniesst. Rücksichtslosigkeit des Denkens ist oft das Zeichen einer unfriedlichen inneren Gesinnung, welche Betäubung begehrt.*

110

디오니소스적 철학의 결정적 요소, 즉 유전과 파괴에 대한 수긍, 대립과 다툼에 대한 수긍, 생성, '존재'의 개념에 대한 극단적 거부. 나와 그는 이 모든 것에서 아주 비슷하다는 점을 인정하지 않을 수 없다.

–『이 사람을 보라』

Ein Zweifel blieb mir zurück bei Heraklit, in dessen Nähe überhaupt mir wärmer, mir wohler zu Muthe wird als irgendwo sonst. Die Bejahung des Vergehens und Vernichtens, ***das Entscheidende in einer dionysischen Philosophie, das Jasagen zu Gegensatz und Krieg, das Werden, mit radikaler Ablehnung auch selbst des Begriffs „Sein" — darin muss ich unter allen Umständen das mir Verwandteste anerkennen, was bisher gedacht worden ist.*** *Die Lehre von der „ewigen Wiederkunft", das heisst vom unbedingten und unendlich wiederholten Kreislauf aller Dinge.*

111

제아무리 그럴듯하게 말하더라도 빠르거나 많이 말하는 사람은 짧은 기간 안에 모두의 신뢰를 잃게 된다. 그는 하찮게 느껴지는 것보다도 훨씬 하찮게 여겨진다. 왜냐하면 우리는 이미 그가 그동안 얼마나 다른 사람들을 귀찮게 했을지를 생각하며, 그의 말이 불러일으키는 불쾌감에 더해 다른 사람들이 경험했으리라 여기는 경멸을 함께 생각하기 때문이다.

–『아침놀』

Ein Mensch, der schnell und viel spricht, sinkt ausserordentlich tief in unserer Achtung, nach dem kürzesten Verkehre, und selbst wenn er verständig spricht, — nicht nur in dem Maasse als er lästig fällt, sondern weit tiefer. Denn wir errathen, wie vielen Menschen er schon lästig gefallen ist, und rechnen zu dem Missbehagen, das er macht, noch die Missachtung hinzu, welche wir für ihn voraussetzen.

112

자신이 얼마나 훌륭한 인간성을 지녔는지 다른 이들에게 아무리 떠들어도 그들은 믿지 않는다. 오히려 군중은 자신이 성취한 것에 관해 침묵하는 사람을 믿고 그와 함께하기를 원한다.

-『즐거운 학문』

*Wer zwischen zwei entschlossenen Denkern vermitteln will, ist gezeichnet als mittelmässig: er hat das Auge nicht dafür, das Einmalige zu sehen; die Aehnlichseherei und Gleichmacherei ist das Merkmal schwacher Augen. Er hält aus Trotz an einer Sache fest, die ihm durchsichtig geworden ist, — er nennt es aber „Treue". **Mangel an Schweigsamkeit. — Sein ganzes Wesen überredet nicht — das kommt daher, dass er nie eine gute Handlung, die er that, verschwiegen hat.** Die Langsamen der Erkenntniss meinen, die Langsamkeit gehöre zur Erkenntniss.*

113

간혹 타인에 대한 연민을 자주 느끼고 타인에게 도움을 주는 것을 좋아하는 사람들이 동시에 즐거움을 함께할 수 있는 사람일 수도 있다. 이들은 타인이 기쁨에 차 있을 때는 할 일이 없어지고 불필요해진다. 또한 자신들의 우월감을 느끼지 못해 쉽게 불만을 드러낸다.

–『인간적인, 너무나 인간적인』

Es ist zu bezweifeln, ob ein Vielgereister irgendwo in der Welt hässlichere Gegenden gefunden hat, als im menschlichen Gesichte. ***Die mitleidigen, im Unglück jederzeit hülfreichen Naturen sind selten zugleich die sich mitfreuenden: beim Glück der Anderen haben sie Nichts zu thun, sind überflüssig, fühlen sich nicht im Besitz ihrer Ueberlegenheit und zeigen desshalb leicht Missvergnügen.***

114

좋은 친구를 사귀는 사람은 좋은 아내도 얻는다. 좋은 결혼은 좋은 사람을 사귈 줄 아는 재능에 달려 있기 때문이다.

- 『인간적인, 너무나 인간적인』

니체는 평생 괴테를 존경했다?

니체는 독일의 대문호 괴테에 관해서 "그는 내가 존경하는 최후의 독일인이다."라고 말했다. 니체는 괴테의 수준 높은 문학성에 매료되었을 뿐 아니라 끊임없이 자신을 극복하고 인생을 긍정하는 태도를 존경했다. 그래서 니체는 괴테를 '한층 높은 인간들'의 전형으로 꼽았고, 독일인 가운데 '초인'이 있다면 바로 괴테일 것이라고 말했다. 니체 철학의 가장 핵심적인 개념 중 하나인 '초인'은 종교나 도덕과 같은 기존의 가치 체계를 '넘어서는' 존재, 인간의 한계를 기꺼이 극복하고 새로운 가치를 창조하는 인물상을 가리킨다. 쇼펜하우어나 바그너와는 달리 괴테에 대한 니체의 존경심은 죽는 순간까지 거의 변함이 없었다고 한다.

115

거짓말쟁이는 비현실적인 것을 현실적으로 보이도록 하기 위해 필요한 말과 지칭을 사용하는 자다. (…) 사람들이 거짓말쟁이를 꺼리는 이유는 속는 것 자체 때문이 아니라 속임수로 피해를 입기 때문이다. 사람들이 싫어하는 것은 속임수 자체가 아닌, 속임수로 겪게 되는 불쾌하고 괘씸한 결과들이다.

-「비도덕적 의미와 진리와 거짓에 관하여」

Der Lügner gebraucht die gültigen Bezeichnungen, die Worte, um das Unwirkliche als wirklich erscheinen zu machen. (…) Die Menschen fliehen dabei das Betrogenwerden nicht so sehr als das Beschädigtwerden durch Betrug: sie hassen, auch auf dieser Stufe, im Grunde nicht die Täuschung, sondern die schlimmen, feindseligen Folgen gewisser Gattungen von Täuschungen.

116

대인 관계에서는 상대방의 말이나 행동에 담긴 의도를 이미 알고 있어도 모르는 것처럼 호의적으로 위장할 필요가 있다.

– 『인간적인, 너무나 인간적인』

Wie du auch bist, so diene dir selber als Quell der Erfahrung! Wirf das Missvergnügen über dein Wesen ab, verzeihe dir dein eignes Ich, denn in jedem Falle hast du an dir eine Leiter mit hundert Sprossen, auf welchen du zur Erkenntniss steigen kannst. ***Es ist häufig im Verkehre mit Menschen eine wohlwollende Verstellung nöthig, als ob wir die Motive ihres Handelns nicht durchschauten.*** *Nicht selten begegnet man Copien bedeutender Menschen; und den Meisten gefallen, wie bei Gemälden, so auch hier, die Copien besser als die Originale.*

117

사람들을 분노하게 하고, 또 그들이 나쁜 생각을 하도록 만드는 가장 확실한 방법이 있다. 그들을 아주 오랫동안 기다리게 하는 것이다. 이는 사람을 도덕적으로 좋지 않게 만든다.

– 『인간적인, 너무나 인간적인』

Ein sicheres Mittel, die Leute aufzubringen und ihnen böse Gedanken in den Kopf zu setzen, ist, sie lange warten zu lassen. Diess macht unmoralisch. *(…) Das Warten-können ist so schwer, dass die grössten Dichter es nicht verschmäht haben, das Nicht-warten-können zum Motiv ihrer Dichtungen zu machen. So Shakespeare im Othello, Sophokles im Ajax: dessen Selbstmord ihm, wenn er nur einen Tag noch seine Empfindung hätte abkühlen lassen, nicht mehr nöthig geschienen hätte, wie der Orakelspruch andeutet.*

118

빚을 갚으려면 자신이 빌린 양보다 더 넉넉하게 돌려주어라. 넉넉한 이자는 도와준 사람을 기쁘게 한다.
이자를 갚는 사람도 만족스럽다. 그도 도움을 구했던 과거의 궁색함과 창피함을 넉넉한 이자로 다시 살 수 있다.

–『인간적인, 너무나 인간적인』

Hesiod räth an, dem Nachbar, der uns ausgeholfen hat, mit gutem Maasse und womöglich reichlicher zurückzugeben, sobald wir es vermögen. Dabei hat nämlich der Nachbar seine Freude, denn seine einstmalige Gutmüthigkeit trägt ihm Zinsen ein; aber auch Der, welcher zurückgiebt, hat seine Freude, insofern er die kleine einstmalige Demüthigung, sich aushelfen lassen zu müssen, durch ein kleines Uebergewicht, als Schenkender, zurückkauft.

119

신분을 드러내는 의례와 의상, 점잖은 표정, 엄숙한 눈빛, 느린 걸음걸이, 절제된 말투 등 위엄 있어 보이는 이 모든 것은 사실은 두려움이 가득한 자들이 스스로를 숨기는 방법이다.
이들은 이 방법으로 사람들이 자신들을 두려워하게 만든다.

–『아침놀』

Die Ceremonien, die Amts- und Standestrachten, die ernsten Mienen, das feierliche Dreinschauen, die langsame Gangart, die gewundene Rede und Alles überhaupt, was Würde heisst: das ist die Verstellungsform Derer, welche im Grunde furchtsam sind, — sie wollen damit fürchten machen (sich oder Das, was sie repräsentiren). *Die Furchtlosen, das heisst ursprünglich: die jederzeit und unzweifelhaft Fürchterlichen haben Würde und Ceremonien nicht nöthig.*

120

그들은 내게 계단과 같은 존재였다. 나는 그들을 한 걸음씩 밟고 위로 올라갔다. 그들은 내가 함께 머물러 있기를 바란다고 생각했지만, 나는 그냥 지나쳐 가야만 했다.

-『우상의 황혼』

Der Enttäuschte spricht. — Ich suchte nach grossen Menschen, ich fand immer nur die Affen ihres Ideals. Bist du Einer, der zusieht? oder der Hand anlegt? — oder der wegsieht, bei Seite geht? Dritte Gewissensfrage. Willst du mitgehn? oder vorangehn? oder für dich gehn? Man muss wissen, was man will und dass man will. Vierte Gewissensfrage. ***Das waren Stufen für mich, ich bin über sie hinaufgestiegen, — dazu musste ich über sie hinweg. Aber sie meinten, ich wollte mich auf ihnen zur Ruhe setzen.***

121

강인한 성격을 가진 사람이 성향이 모질지 않고 자기 생각에 사로잡혀 있지 않으면 어느새 고상함을 추구하게 된다. 반대로 유약한 성격을 가진 사람은 혹독한 판단을 선호한다. 이들은 인간을 업신여기는 영웅이나 세상을 종교적·철학적으로 비난하는 자들과 어울린다. 엄하고 철저한 윤리나 몹시 괴로운 '소명' 뒤에만 머문다.

-『아침놀』

Wenn eine starke Natur nicht den Hang der Grausamkeit hat und nicht immer von sich selber occupirt ist, so strebt sie unwillkürlich nach Anmuth, — diess ist ihr Abzeichen. Die schwachen Charaktere dagegen lieben die herben Urtheile, — sie gesellen sich zu den Helden der Menschenverachtung, zu den religiösen oder philosophischen Anschwärzern des Daseins oder ziehen sich hinter strenge Sitten und peinliche „Lebensberufe" zurück.

122

정신이 곤궁한 사람들은 누구인가? 아, 타인에게 나의 사상을 따르도록 강요하는 일은 얼마나 혐오스러운 짓인가! 타인의 사상이 나의 사상보다 훌륭할 때 드는 느낌과 내가 알게 모르게 영향을 받는 것이 얼마나 기쁜지!

- 『아침놀』

Wo sind die Bedürftigen des Geistes? —Ah! Wie es mich anwidert, einem Anderen die eigenen Gedanken aufzudrängen! Wie ich mich jeder Stimmung und heimlichen Umkehr in mir freue, bei der die Gedanken Anderer gegen die eigenen zu Rechte kommen! *Ab und zu giebt es aber ein noch höheres Fest, dann, wenn es einmal erlaubt ist, sein geistiges Haus und Habe wegzuschenken, dem Beichtvater gleich, der im Winkel sitzt, begierig, dass ein Bedürftiger komme und von der Noth seiner Gedanken erzähle.*

PART 4에서 여러분의 마음을 움직인 문장이나 구절을 적어 보세요. 그리고 '니체의 생각'에 이어 '여러분의 생각'도 덧붙여 보세요.

PART 5

훌륭한 자신과 마주하기 위해서

- ‘인생’에 관한 22가지 잠언들

123

나 자신을 해석하기 위해서는 스스로의 안으로 들어가야만 한다. 이런 이유로 나는 나 자신의 해석자가 될 수 없다. 하지만 자신만의 길을 묵묵히 걷는 사람이 있다면, 그는 나를 더욱 밝은 빛으로 인도할 것이다.

-『즐거운 학문』

Interpretation. Leg ich mich aus, so leg ich mich hinein: Ich kann nicht selbst mein Interprete sein. Doch wer nur steigt auf seiner eignen Bahn, Trägt auch mein Bild zu hellerm Licht hinan. *Du klagst, dass Nichts dir schmackhaft sei? Noch immer, Freund, die alten Mucken? Ich hör dich lästern, lärmen, spucken — Geduld und Herz bricht mir dabei. Folg mir, mein Freund! Entschliess dich frei, Ein fettes Krötchen zu verschlucken, Geschwind und ohne hinzugucken! — Das hilft dir von der Dyspepsei!*

124

아, 서글프다!

우리는 눈에 보이는 겉모습만 철저하고 완벽하게 증명해야 하는 현실 속에서 살고 있다. 너무 많은 사람이 진실을 꿰뚫어 볼 수 있는 눈을 가지고 있지 않기 때문이다. 하지만 이 작업은 지루하기 짝이 없다.

–『아침놀』

Schlimm! Schlimm! Was man am besten, am hartnäckigsten beweisen muss, das ist der Augenschein. Denn Allzuvielen fehlen die Augen, ihn zu sehen. Aber es ist so langweilig! *Das Auszeichnende, aber auch Gefährliche in den dichterischen Naturen ist ihre erschöpfende Phantasie: die, welche Das, was wird und werden könnte, vorweg nimmt, vorweg geniesst, vorweg erleidet und im endlichen Augenblick des Geschehens und der That bereits müde ist. Lord Byron, der diess Alles zu gut kannte, schrieb in sein Tagebuch.*

125

나는 나 자신을 다시 건강하게 만들었다. 모든 생리학자가 인정하겠지만, 그 조건 가운데 하나는 기본적으로 건강하다는 사실이다. 일반적으로 질병에 걸린 사람은 회복하기 어렵고, 자기 자신을 건강하게 만드는 것은 더욱 힘들다. 하지만 기본적으로 건강한 사람에게 찾아온 질병은 더 좋은 인생을 위한 자극제 역할을 한다. 지금 나에게는 질병에 시달렸던 오랜 기간이 그런 역할을 했다고 생각한다. 즉, 나는 인생을 재발견한 것이다.

–『이 사람을 보라』

Jeder Physiologe wird das zugeben ist, dass man im Grunde gesund ist. Ein typisch morbides Wesen kann nicht gesund werden, noch weniger sich selbst gesund machen; für einen typisch Gesunden kann umgekehrt Kranksein sogar ein energisches Stimulans zum Leben, zum Mehrleben sein.

126

이 순간이라는 길 위에는 하나의 길고 영원한 골목길이 뒤쪽으로 힘차게 달리고 있다. 우리 뒤쪽에는 하나의 영원이 놓여 있다. 만물 가운데 달릴 수 있는 것은 분명 언젠가 이 골목길을 달리지 않았겠는가? 만물 가운데 행해질 수 있는 것이라면 분명 언젠가 행해졌고, 해결하고, 지나가 버렸을 것 아닌가? 난쟁이여, 만약 모든 것이 이미 존재했다면 이 순간을 어떻게 바라보는가? 이 길 또한 분명 실존하지 않았겠는가?

- 『차라투스트라는 이렇게 말했다』

Von diesem Thorwege Augenblick läuft eine lange ewige Gasse rückwärts: hinter uns liegt eine Ewigkeit. Muss nicht, was laufen kann von allen Dingen, schon einmal diese Gasse gelaufen sein? Muss nicht, was geschehn kann von allen Dingen, schon einmal geschehn, gethan, vorübergelaufen sein?

127

70년의 세월은 너무도 짧다!

세월은 유수처럼 흘러 금방 끝나고 만다. 파도는 어디서 흘러와 어디로 흘러가는지 스스로 알지 못한다. 아니, 모르는 게 더 현명한 것일지도 모른다.

–『아침놀』

Dagegen mit Kindern von Possen zu reden und nicht von der Wahrheit, mit Frauen, die später Mütter werden sollen, Artigkeiten zu reden und nicht von der Wahrheit, mit Jünglingen von ihrer Zukunft und ihrem Vergnügen zu reden und nicht von der Wahrheit, — dafür ist immer Zeit und Lust da! — ***Aber was sind auch siebenzig Jahre! — das läuft hin und ist bald zu Ende; es liegt so Wenig daran, dass die Welle wisse, wie und wohin sie laufe! Ja, es könnte Klugheit sein, es nicht zu wissen.***

128

Vielleicht ist sie böse und falsch, und in Allem ein Frauenzimmer; aber wenn sie von sich selber schlecht spricht, da gerade verführt sie am meisten."
Als ich diess zu dem Leben sagte, da lachte es boshaft und machte die Augen zu. „Von wem redest du doch? sagte sie, wohl von mir? Und wenn du Recht hättest, — sagt man das mir so in's Gesicht! Aber nun sprich doch auch von deiner Weisheit!"
Ach, und nun machtest du wieder dein Auge auf, oh geliebtes Leben! Und in's Unergründliche schien ich mir wieder zu sinken.

나는 당신의 눈을 들여다본다.
아, 인생이여!
끝없는 심연으로 가라앉는 것 같구나.
깊이를 알 수 없는 끝없는 심연이여!

- 『차라투스트라는 이렇게 말했다』

129

고상한 영혼은 그 어떤 것이라도 공짜로 얻고자 하지 않는다. 최소한 인생에서는 말이다. 천박한 자들은 그저 헛되게 살기를 원한다. 하지만 인생이 자신에게 준 대로 살아가는 사람들은 우리가 인생에 줄 수 있는 가장 커다란 것은 과연 무엇일지에 관해 항상 생각한다.

– 『차라투스트라는 이렇게 말했다』

Also will es die Art edler Seelen: sie wollen Nichts umsonst haben, am wenigsten das Leben. Wer vom Pöbel ist, der will umsonst leben; wir Anderen aber, denen das Leben sich gab, — wir sinnen immer darüber, was wir am besten dagegen geben! Und wahrlich, diess ist eine vornehme Rede, welche spricht: „was uns das Leben verspricht, das wollen wir — dem Leben halten! Und wahrlich, diess ist eine vornehme Rede, welche spricht.

130

어떤 철학자가 자기 자신에게 제일 우선적으로 혹은 마지막에 바라는 것은 무엇일까? 자신이 몸담고 있는 시대를 자기 안에서 이겨 내면서 '시대를 뛰어넘는' 것이다. 그렇다면 그가 가장 치열하게 싸우는 대상은 무엇일까? 그를 그 시대의 아들로 만드는 것이다.

-『바그너의 경우』

니체 사상의 영향을 받은 대표적인 유명인은 누가 있을까?

니체는 철학자로 이름을 알렸지만 철학 분야를 넘어 문학, 심리학 등 다양한 분야에 영향을 미쳤다. 그만큼 니체의 사상은 수많은 사람에게 창조적 영감을 불러일으키는 무한한 보고(寶庫)라고 할 수 있다.

『데미안』, 『수레바퀴 아래서』 등의 걸작을 남긴 독일 작가 헤르만 헤세도 니체의 영향을 많이 받았다. 그는 자신의 작품에 니체가 말한 '초인'과 유사한 인물을 자주 등장시켰다. 『데미안』에는 주인공 싱클레어가 니체의 책을 읽으며 공감하는 장면도 나온다. 헤세는 『차라투스트라의 귀환』이라는 책을 내기도 했다.

독일 근대 음악의 거장인 리하르트 슈트라우스도 니체의 영향을 받았다. 그는

131

우리가 아는 언어의 양과 깊이가 보잘것없으면 사고하는 폭과 깊이도 보잘것없다. 언어를 많이 알면 사고가 넓어지고, 좀 더 풍부한 삶을 누리며, 더 많은 가능성을 가지고 인생을 살아갈 수 있다. 풍성한 언어는 인생을 수월하게 살아가도록 도와주는 최고의 무기다.

-『아침놀』

뮌헨 대학에서 철학 강의를 듣던 중『차라투스트라는 이렇게 말했다』를 접하고는 니체 사상에 깊이 매료되었다. 그래서 이 책과 같은 제목의 곡을 작곡했는데, 이 곡은 영화 <2001 스페이스 오디세이>의 오프닝 곡으로도 유명하다.
프로이트와 함께 정신 분석학을 개척한 스위스 심리학자 카를 융도『차라투스트라는 이렇게 말했다』를 '인간 심리의 보물 창고'로 여기며 깊이 연구했다. 실제로 니체는 인간의 심리를 깊이 탐구했다. 그는 인간은 두 가지 이상의 성격을 가지고 있고, 스스로 받아들이기 힘든 성격은 억누르려는 경향이 있다고 주장했다.
이 밖에도 독일 철학자인 하이데거, 한나 아렌트, 프랑스 철학자인 푸코, 리오타르, 데리다, 프랑스 소설가인 알베르 카뮈, 오스트리아 정신 분석학자인 프로이트, 오스트리아 과학 철학자인 파이어아벤트 등 20세기의 수많은 지식인이 니체 사상의 영향을 받았다.

132

모든 것은 꺾이고 다시 연결된다. 동일한 존재의 집이 영원히 지어진다. 모든 것은 이별하고 다시 만나 인사한다. 존재의 바퀴는 영원토록 자신에게 신실하다.
모든 순간마다 존재가 시작된다. 모든 '여기'를 중심으로 '저기'라는 공이 굴러간다. 중심은 어디에나 존재한다. 영원의 오솔길은 굽어 있다.

– 『차라투스트라는 이렇게 말했다』

Alles geht, Alles kommt zurück; ewig rollt das Rad des Seins. Alles stirbt, Alles blüht wieder auf, ewig läuft das Jahr des Seins. Alles bricht, Alles wird neu gefügt; ewig baut sich das gleiche Haus des Seins. Alles scheidet, Alles grüsst sich wieder; ewig bleibt sich treu der Ring des Seins. In jedem Nu beginnt das Sein; um jedes Hier rollt sich die Kugel Dort. Die Mitte ist überall. Krumm ist der Pfad der Ewigkeit.

133

인간은 자신이 늘 자격 있는 사람들 사이에 있다는 것을 알게 되면, 자랑하거나 뽐내고 싶은 마음을 잊어버리게 된다. 홀로 지내는 것은 건방진 태도를 낳는다. 젊은 사람들이 건방진 이유는 아직 어떤 위인도 아니면서 스스로 대단한 인물인 것처럼 내세우는 이들과 가까이 지내기 때문이다.

-『인간적인, 너무나 인간적인』

Wer seine Gedanken nicht auf Eis zu legen versteht, der soll sich nicht in die Hitze des Streites begeben. ***Man verlernt die Anmaassung, wenn man sich immer unter verdienten Menschen weiss; Allein-sein pflanzt Uebermuth. Junge Leute sind anmaassend, denn sie gehen mit Ihresgleichen um, welche alle Nichts sind, aber gerne viel bedeuten.*** *Man greift nicht nur an, um Jemandem wehe zu thun, ihn zu besiegen, sondern vielleicht auch nur, um sich seiner Kraft bewusst zu werden.*

134

방랑자

방랑자가 어두운 밤길을 걷고 있다.

뚜벅뚜벅

굽이진 골짜기와 길고 긴 산길을

더듬어 걸어간다.

어두운 밤은 아름답다!

방랑자는 걸음을 멈추지 않지만,

아직 어디로 가는 길인지 모른다.

어둠 속에서 새 한 마리가 지저귄다.

“새야! 무슨 짓을 하는 거냐?

왜 내 마음과 발걸음을 훼방하느냐?

달콤한 가슴의 역정을

내 귓가에 들려주어 나를 멈춰 서게 하느냐?

왜 노랫소리로 나를 꾀느냐?”

선한 새는 노래를 멈추고 말했다.

"방랑자여, 아닙니다. 나는 당신을
노래로 유혹하지 않았답니다.
나는 이 높은 가지에서 암컷 새를 유혹하고 있습니다.
당신과는 아무 상관없지요.
나만 밤을 아름답게 느끼는 건 아니지만
당신과 무슨 상관있겠어요. 당신은 떠나야 하는데 말이지요.
절대 발걸음을 멈추면 안 됩니다.
왜 지금도 멍하니 서 있는 거지요?
피리 소리 같은 내 노래가 당신과 무슨 상관있습니까?
방랑하는 자여!"

선한 새는 묵묵히 생각했다.
'피리 소리 같은 내 노래가 저 사람과 무슨 상관있을까?
왜 아직도 멍하니 서 있을까?
불쌍하고 가엾은 방랑자여!'

– 『유고(1884년 가을)』

135

"예전에는 양심으로 물어뜯을 수 있는 것이 얼마나 많았던가? 양심의 치아가 얼마나 튼튼했던가? 과연 오늘날은 어떠한가? 무언가 대단히 잘못되어 가고 있는 듯하다."
어느 치과 의사가 한 말이다.

-『우상의 황혼』

Man hält das Weib für tief — warum? weil man nie bei ihm auf den Grund kommt. Das Weib ist noch nicht einmal flach. Wenn das Weib männliche Tugenden hat, so ist es zum Davonlaufen; und wenn es keine männlichen Tugenden hat, so läuft es selbst davon. ***„Wie viel hatte ehemals das Gewissen zu beissen? welche guten Zähne hatte es? — Und heute? woran fehlt es?" — Frage eines Zahnarztes.*** *Man begeht selten eine Übereilung allein. In der ersten Übereilung thut man immer zu viel. Eben darum begeht man gewöhnlich noch eine zweite.*

136

타조는 말보다 빠르지만, 머리를 늘 땅에 처박고 있다. 하늘을 날지 않는 인간은 타조와 다를 바가 없다. 그에게 땅과 인생은 너무나도 무겁다. 중력의 영(靈)이 바라던 바다! 그럼에도 가볍게 하늘을 날고 싶은 자는 자기 자신을 사랑해야 한다. 이것이 나의 가르침이다.

-『차라투스트라는 이렇게 말했다』

Der Vogel Strauss läuft schneller als das schnellste Pferd, aber auch er steckt noch den Kopf schwer in schwere Erde: also der Mensch, der noch nicht fliegen kann. Schwer heisst ihm Erde und Leben; und so will es der Geist der Schwere! Wer aber leicht werden will und ein Vogel, der muss sich selber lieben: — also lehre ich. Nicht freilich mit der Liebe der Siechen und Suchtigen: denn bei denen stinkt auch die Eigenliebe!

137

그가 자기 자신을 잊고 있었다는 사실은 의심할 여지가 없다. 이제야 그는 자신을 볼 수 있게 되었다. 그때 그는 아주 놀라운 사실 하나를 발견한다. 이는 알려지지 않은 전율을 안겨 준다. 회복기에 느껴지는 피곤함과 오래된 질병, 그리고 질병이 재발한 와중에 다가오는 충만함!

-『인간적인, 너무나 인간적인』

Er war ausser sich: es ist kein Zweifel. Jetzt erst sieht er sich selbst —, und welche Ueberraschungen findet er dabei! Welche unerprobten Schauder! Welches Glück noch in der Müdigkeit, der alten Krankheit, den Rückfällen des Genesenden! *Wie es ihm gefällt, leidend stillzusitzen, Geduld zu spinnen, in der Sonne zu liegen! Wer versteht sich gleich ihm auf das Glück im Winter, auf die Sonnenflecke an der Mauer!*

138

어느 날, 당신의 가장 깊숙한 외로움 속으로 슬며시 악령이 찾아와 다음과 같이 속삭인다면 당신은 어떻게 하겠는가?

Und ebenso diese Spinne und dieses Mondlicht zwischen den Bäumen, und ebenso dieser Augenblick und ich selber. Die ewige Sanduhr des Daseins wird immer wieder umgedreht — und du mit ihr, Stäubchen vom Staube!

"너는 지금까지 영위하며 살아온 삶을 다시 살아야 하리라. 또한 무한히 반복하며 살아야 하리라. 새로움이란 전혀 찾아볼 수 없으며 모든 고통과 쾌락, 의식과 한탄, 또한 네 삶에서 더할 나위 없이 크고 작은 모든 것이 다시금 네게 찾아오리라. 모든 것이 똑같은 순서로, 나무 사이사이에 놓인 거미와 달빛, 그리고 지금 바로 당신도. 영원 속에 실존하는 모래시계가 수없이 뒤집혀 세워지듯 먼지 중의 먼지인 당신도 모래시계와 다를 바 없이 살아야 하리라."

-『즐거운 학문』

139

죽음을 앞둔 이들에게 고하리라.

“보라, 너는 지금 죽어 소멸하고 있다. 영혼도 몸처럼 죽음을 피하지 못하리니, 이제 너에게는 ‘너’라고 부를 만한 어떠한 것도 존재하지 않을 것이다. 하지만 네가 만들어진 원인, 사람의 힘으로는 저항할 수 없는 강제적 힘은 되돌아올 것이며, 너를 다시 만들지 않을 수 없게 되리라. 티끌 가운데서도 가장 초라한 티끌인 너 또한 모든 사물의 영원한 회귀를 만드는 원인에 속해 있으리라. 또한 언젠가 네가 다시 태어난다 하더라도 예전보다 새롭거나 더 낫거나 비슷한 삶이 아니라, 더할 나위 없이 작은 부분에서 또 더할 나위 없이 큰 부분에서 네가 지금 죽고 있는 것과 같은, 똑같은 삶으로 태어나리라.”

이 가르침은 이번의 세계, 그리고 이번의 크나큰 해에 아직 지상에 알려지지 않았다.

– 『유고(1884년 초~가을)』

140

활기차게 살아간다면 인생은 활력을 간직한 빛나는 의미로 가득할 것이다. 하지만 부정적으로 살아간다면 인생은 한여름 낮이라도 암울한 어둠이 뒤덮을 것이다.

–『권력에의 의지』

니체는 철학이 아닌 문헌학 교수였다?

니체는 1864년 본 대학에 입학해 신학과 고전 문헌학을 전공했다. 신학을 전공한 것은 어머니의 권유 때문이었지만, 이미 그는 기독교에 대한 회의감에 빠져 있었다. 당시 유명한 문헌학자였던 리츨 교수는 니체의 천재성을 알아보고 그를 라이프치히 대학으로 데려갔다. 니체는 1869년 리츨 교수의 추천으로 이례적으로 논문 심사 없이 박사 학위를 받고 스위스 바젤 대학에서 고전 문헌학 교수가 되었다. 하지만 그는 문헌학보다 철학에 더 흥미를 느꼈다. 고전 문헌만 붙들고 연구하는 것에서 벗어나 좀 더 넓은 세상에서 거침없이 사유하고자 했다. 그러던 중 니체는 쇼펜하우어의 열렬한 추종자인 바그너와 교류하면서 본격적으로 철학자의 길로 접어들었고, 이때『비극의 탄생』이라는 책을 출간하게 되었다.

141

인생에 대한 긍정은 가장 생소하고 혹독한 인생의 문제들 안에 존재한다.
최고의 희생으로 자기 고유의 무한성에 큰 기쁨을 느끼는 삶에의 의지. 나는 이것을 '디오니소스적'이라 불렀고, 비극 시인의 마음속으로 들어가는 다리로 이해했다.

– 『우상의 황혼』

Der Wille zum Leben, im Opfer seiner höchsten Typen der eignen Unerschöpflichkeit frohwerdend — das nannte ich dionysisch, das errieth ich als die Brücke zur Psychologie des tragischen Dichters. *Die Tragödie ist so fern davon, Etwas für den Pessimismus der Hellenen im Sinne Schopenhauer's zu beweisen, dass sie vielmehr als dessen entscheidende Ablehnung und Gegen-Instanz zu gelten hat.*

142

인간의 위대함에 관한 나의 공식은 아모르파티(Amor fati, 운명에 대한 사랑)다. 앞으로나 뒤로도 영원히 다른 것의 소유를 바라지 않는 것. 필연을 그저 감내하지 않고, 절대 가리거나 숨기지 않으며, 도리어 그것을 사랑하는 것. 모든 이상주의는 필연 앞에서는 거짓이다.

－『이 사람을 보라』

Wen ich verachte, der erräth, dass er von mir verachtet wird: ich empöre durch mein blosses Dasein Alles, was schlechtes Blut im Leibe hat. ***Meine Formel für die Grösse am Menschen ist amor fati: dass man Nichts anders haben will, vorwärts nicht, rückwärts nicht, in alle Ewigkeit nicht. Das Nothwendige nicht bloss ertragen, noch weniger verhehlen — aller Idealismus ist Verlogenheit vor dem Nothwendigen —, sondern es lieben.***

143

너무 좁디좁은 탐욕을 기반으로 삼아 자신의 인생을 세우지 않도록 주의해야 한다. 왜냐하면 지위, 명성, 동료, 쾌락, 안락, 예술이 주는 즐거움을 포기한다면, 이 포기로 말미암아 지혜 대신 인생에 대한 싫증만 이웃으로 삼게 되었다는 사실을 깨달을 수도 있기 때문이다.

－『인간적인, 너무나 인간적인』

Man muss sich hüten, sein Leben auf einen zu schmalen Grund von Begehrlichkeit zu gründen: denn wenn man den Freuden entsagt, welche Stellungen, Ehren, Genossenschaften, Wollüste, Bequemlichkeiten, Künste mit sich bringen, so kann ein Tag kommen, wo man merkt, statt der Weisheit, durch diese Verzichtleistung den Lebens-Ueberdruss zum Nachbarn erlangt zu haben.

Entweder verstecke man seine Meinungen, oder man verstecke sich hinter seine Meinungen.

144

나의 때는 아직 오지 않았다. 어떤 사람은 죽은 다음에야 비로소 다시 태어난다. 장래에는 내가 살아 있는 동안 전했던 교훈을 많은 사람에게 가르치는 교육 기관이 필요할 것이다.

-『이 사람을 보라』

Hier werde, bevor ich von ihnen selber rede, die Frage nach dem Verstanden- oder Nicht-verstanden-werden dieser Schriften berührt. Ich thue es so nachlässig, als es sich irgendwie schickt: denn diese Frage ist durchaus noch nicht an der Zeit. ***Ich selber bin noch nicht an der Zeit, Einige werden posthum geboren. — Irgend wann wird man Institutionen nöthig haben, in denen man lebt und lehrt, wie ich leben und lehren verstehe;*** *vielleicht selbst, dass man dann auch eigene Lehrstühle zur Interpretation des Zarathustra errichtet.*

PART 5에서 여러분의 마음을 움직인 문장이나 구절을 적어 보세요. 그리고 '니체의 생각'에 이어 '여러분의 생각'도 덧붙여 보세요.

PART 6

더 냉철하게, 더 여유롭게, 더 지혜롭게

- ‘바람직한 태도’에 관한 31가지 잠언들

145

피곤으로 지쳐 있으면 냉정한 태도로 반성할 수 없다. 이러한 상태에서의 반성은 우울로 치닫는다. 지친 상황에서는 반성, 성찰, 심지어 일기 작성도 하지 말아야 한다. 반면 활발히 움직이거나 어떤 것에 몰입할 때, 즉 무엇인가를 즐기고 있을 때는 어떤 이도 반성하거나 성찰하지 않는다. 결국 자신이 한심하게 여겨지고 인간에 대한 미움이 생긴다면, 이것을 자신이 피곤하다는 신호로 받아들이고 충분히 쉬어야 한다. 이는 나 자신을 위해 가장 필요한 배려다.

–『아침놀』

Wer über sein Tages- und Lebenswerk nachdenkt, wenn er am Ende und müde ist, kommt gewöhnlich zu einer melancholischen Betrachtung: das liegt aber nicht am Tage und am Leben, sondern an der Müdigkeit.

146

오늘날처럼 고도로 발전한 인류에서는 모든 사람이 자연을 통해 많은 재능을 지닐 수 있다. 누구나 타고난 재능은 한 가지씩 가지고 있다. 하지만 그 가운데 소수의 사람만이 강인함이나 끈기, 에너지를 타고나며 수용해 실제로 재능 있는 사람이 된다. 다시 말하자면, 오롯이 자신이 되는 것이다. 이는 일이나 행동을 통해 자신의 재능을 발휘하는 것을 뜻한다.

– 『인간적인, 너무나 인간적인』

In einer so hoch entwickelten Menschheit, wie die jetzige ist, bekommt von Natur Jeder den Zugang zu vielen Talenten mit. Jeder hat angeborenes Talent, aber nur Wenigen ist der Grad von Zähigkeit, Ausdauer, Energie angeboren und anerzogen, so dass er wirklich ein Talent wird, also wird, was er ist, das heisst: es in Werken und Handlungen entladet.

147

우리는 육지에서 떠나 배에 올랐다! 우리는 다리를 건너 왔고, 우리 뒤에 있는 육지와의 관계를 끊었다! 우리의 작은 배여, 조심하라! 네 앞에는 바다가 있다. 바다는 늘 포효하지 않으며, 때로는 비단과 금, 자비로운 환상처럼 그곳에 있다. 하지만 바다가 무한하고, 무한보다 더 무서운 것은 없다는 사실을 깨닫는 순간이 올 것이다. 오, 한때 자유를 만끽했지만 지금은 새장 벽에 부딪치고 있는 불쌍한 새여! 육지에 대한 향수가 있다면 그것은 슬픈 일이다. 더 이상 '육지'는 존재하지 않는다.

–『즐거운 학문』

Nun, Schifflein! sieh' dich vor! Neben dir liegt der Ocean, es ist wahr, er brüllt nicht immer, und mitunter liegt er da, wie Seide und Gold und Träumerei der Güte. Aber es kommen Stunden, wo du erkennen wirst, dass er unendlich ist und dass es nichts Furchtbareres giebt, als Unendlichkeit.

148

자신과 친구를 대할 때는 늘 성실하라.

적에게 맞설 때는 용기를 가져라.

패자에게는 관용을 베풀라.

이외의 모든 경우에는 항상 예의를 지켜라.

-『아침놀』

Man soll den Ereignissen aus dem Wege gehen, wenn man weiss, dass die geringsten sich schon stark genug auf uns einzeichnen, — und diesen entgeht man doch nicht. — Der Denker muss einen ungefähren Kanon aller der Dinge in sich haben, welche er überhaupt noch erleben will. ***Redlich gegen uns und was sonst uns Freund ist; tapfer gegen den Feind; grossmüthig gegen den Besiegten; öflich — immer:*** *so wollen uns die vier Cardinaltugenden. Wie gut klingen schlechte Musik und schlechte Gründe, wenn man auf einen Feind los marschirt!*

149

젊은이들은 진실과 거짓에 상관없이 흥미롭고 특이한 것을 좋아한다. 더 성숙한 사람은 진리의 흥미롭고 특이한 점을 좋아한다. 성숙한 마음은 단순하고 소박해서 평범한 사람들이 따분하게 느낄 만한 진리도 사랑한다. 왜냐하면 그들은 진리가 자신이 지닌 가장 고차원의 정신을 소박하게 말한다는 것을 잘 알기 때문이다.

– 『인간적인, 너무나 인간적인』

Junge Leute lieben das Interessante und Absonderliche, gleichgültig wie wahr oder falsch es ist. Reifere Geister lieben Das an der Wahrheit, was an ihr interessant und absonderlich ist. Ausgereifte Köpfe endlich lieben die Wahrheit auch in Dem, wo sie schlicht und einfältig erscheint und dem gewöhnlichen Menschen Langeweile macht, weil sie gemerkt haben, dass die Wahrheit das Höchste an Geist, was sie besitzt, mit der Miene der Einfalt zu sagen pflegt.

150

모든 정치인처럼 명성이 필요한 유명인들은 숨겨진 생각 없이 동지나 친구를 선택하지 않는다. 이들은 햇볕 아래에서 여유를 즐길 수 있다는 다른 사람의 평판을 빼앗으려 한다. 때로는 부주의하고 게으르다고 평가받는 것이 그들의 목적에 도움이 되기 때문이다.

-『즐거운 학문』

Berühmte Männer, welche ihren Ruhm nöthig haben, wie zum Beispiel alle Politiker, wählen ihre Verbündeten und Freunde nie mehr ohne Hintergedanken: von diesem wollen sie ein Stück Glanz und Abglanz seiner Tugend, von jenem das Furchteinflössende gewisser bedenklicher Eigenschaften, die Jedermann an ihm kennt, einem andern stehlen sie den Ruf seines Müssigganges, seines In-der-Sonne-liegens, weil es ihren eigenen Zwecken frommt, zeitweilig für unachtsam und träge zu gelten.

151

커다란 자부심을 느끼면서 초연한 태도로 산다는 것. 늘 저편에서 산다는 것. 무언가에 동조하거나 반발하는 생각을 마음 가는 대로 간직하지 않고 잠시 이것들과 편안하게 지내는 것. 말이나 당나귀 등에 앉는 것처럼 이것들 위에 앉는 것. 이러한 것들의 어리석음과 정열을 사용하는 방법에 관해 잘 알아야 한다. (…) 이뿐만 아니라 간사하고도 쾌활한 악덕인 예의를 선택하는 것. 그리고 용기, 통찰, 연민, 고독의 주인으로 남는 것.

-『선악의 저편』

Mit einer ungeheuren und stolzen Gelassenheit leben; immer jenseits —. Seine Affekte, sein Für und Wider willkürlich haben und nicht haben, sich auf sie herablassen, für Stunden; sich auf sie setzen, wie auf Pferde, oft wie auf Esel: — man muss nämlich ihre Dummheit so gut wie ihr Feuer zu nützen wissen.

152

우리가 누구인지, 우리가 바라는 것과 바라지 않는 것은 무엇인지 그렇게 열심히 말하지 않아도 된다. 이것을 더 냉철하게 바라보고, 더 멀리 내다보고, 더 지혜롭게 판단하고, 더 높은 곳에서 내려다보자. 다른 사람이 듣지 못하게 우리끼리 은밀하게 이야기하자. 무엇보다 느리게 말하자.
이 서문은 천천히 썼다. 그렇다고 늦지는 않았다. 실제로 5, 6년이 걸려도 상관없다. 이와 같은 책은 성급하게 쓰지 않아도 된다. 더군다나 나와 이 책은 렌토(lento, 아주 느리게)의 벗들이다. 내가 문헌학자 출신인 것이 참 쓸모 있다. 사실 지금도 문헌학자다. 느리게 읽기를 가르치는 교사로서 말이다. 느리게 읽다 보면 쓰는 것도 느려진다.

-『아침놀』

Ein solches Buch, ein solches Problem hat keine Eile; überdies sind wir Beide Freunde des lento, ich ebensowohl als mein Buch.

153

잠자코 앉아만 있는 인내는 고결한 영혼에 죄를 짓는 행동이다. 오직 걸으면서 얻은 생각만이 가치를 지닌다.

–『우상의 황혼』

니체의 책은 어떤 순서로 읽어야 할까?

니체의 철학을 이해하려면 전반적인 개요부터 그려야 한다. 무턱대고『차라투스트라는 이렇게 말했다』부터 읽으면 낭패를 보기 쉽다. 이 책은 온갖 비유와 상징으로 가득해 이해하기가 어렵기 때문이다. 그렇다면 니체의 어떤 책부터 읽어야 할까? 아이러니하게도 니체의 마지막 책인『이 사람을 보라』를 가장 먼저 읽는 것이 좋다. 니체는 이 책을 통해 그동안 자신이 쓴 책들을 친절하게 소개하고 있기 때문이다. 두 번째로는 니체 철학의 정수를 요약한『우상의 황혼』을 읽어 보자. 그다음은『도덕의 계보학』이 좋고, 니체의 예술 철학에 관심이 있다면『바그너의 경우』를, 종교 철학에 관심이 있다면『안티크리스트』를 읽으면 된다. 어느 정도 니체 철학의 큰 그림이 그려졌다면, 마지막으로『차라투스트라는 이렇게 말했다』에 도전해 보자.

154

작은 일에서 자제심을 발휘하지 못하면 큰일에서도 자제심을 기대할 수 없을 뿐만 아니라 성공에 이르지도 못한다. 자제한다는 것은 자신을 통제하는 것이다. 가슴속에서 들끓는 욕망을 제어하는 것이다. 욕망에 끌려가지 않고 자기 자신을 완전히 지배하는 주인이 되는 것이다.

- 『인간적인, 너무나 인간적인』

Durch den Mangel an kleiner Selbstbeherrschung bröckelt die Fähigkeit zur grossen an. Jeder Tag ist schlecht benutzt und eine Gefahr für den nächsten, an dem man nicht wenigstens einmal sich Etwas im Kleinen versagt hat: diese Gymnastik ist unentbehrlich, wenn man sich die Freude, sein eigener Herr zu sein, erhalten will. *Wenn man erst sich selber gefunden hat, muss man verstehen, sich von Zeit zu Zeit zu verlieren — und dann wieder zu finden.*

155

밤은 허물을 벗지 못하면 결국 죽는다.

인간도 다르지 않다. 의견을 바꿀 수 없도록 간섭을 받는 정신도 마찬가지다. 그들은 정신이기를 멈추고 만다.

-『아침놀』

Wenn man, wie der Denker, für gewöhnlich in dem grossen Strome des Gedankens und Gefühls lebt, und selbst unsere Träume in der Nacht diesem Strome folgen: so begehrt man vom Leben Beruhigung und Stille, — während Andere gerade vom Leben ausruhen wollen, wenn sie sich der Meditation übergeben. ***Die Schlange, welche sich nicht häuten kann, geht zu Grunde. Ebenso die Geister, welche man verhindert, ihre Meinungen zu wechseln; sie hören auf, Geist zu sein.*** *Je höher wir uns erheben, um so kleiner erscheinen wir Denen, welche nicht fliegen können.*

156

인생을 수월하고 편안하게 보내고 싶은가?

그렇다면 무리를 짓지 않으면 잠시라도 참지 못하는 군중 속에 섞여 살아라. 늘 군중 속에 파묻혀 모든 사람이 믿는 것을 존중하면서 자신이라는 존재를 잊고 살아가면 된다.

–『권력에의 의지』

Unter den Niedrigen leben, niedrig. Kein Stolz. Auf die gemeine Art leben; ehren und glauben, was alle glauben. *Auf der Hut gegen Wissenschaft und Geist, auch alles, was bläht. Einfach: unbeschreiblich geduldig, unbekümmert, mild. ἀϖάθεια, mehr noch ϖραΐτης. Ein Buddhist für Griechenland, zwischen dem Tumult der Schulen aufgewachsen; spät gekommen; ermüdet; der Protest des Müden gegen den Eifer der Dialektiker; der Unglaube des Müden an die Wichtigkeit aller Dinge. Er hat Alexander gesehen, er hat die indischen Büßer gesehen.*

157

당신이 앞으로 그리고 더 높이 나아갔다는 증거가 있다. 이제 당신의 주변은 이전보다 더 자유롭고 유망해졌다. 공기는 더욱 차가워졌지만, 당신의 기분은 이전보다 온화할 것이다. 당신은 온화함과 따뜻함을 구분하지 못하는 우매함을 떨쳐 버렸다. 당신의 걸음걸이는 더 활기차고 확고해졌으며, 용기와 신중함은 같이 성장했다.

– 『인간적인, 너무나 인간적인』

Es giebt sichere Anzeichen dafür, dass du vorwärts und höher hinauf gekommen bist: es ist jetzt freier und aussichtsreicher um dich als vordem, die Luft weht dich kühler, aber auch milder an, — du hast ja die Thorheit verlernt, Milde und Wärme zu verwechseln —, dein Gang ist lebhafter und fester geworden, Muth und Besonnenheit sind zusammen gewachsen.

158

니체

훗날 많은 것을 말해야 할 사람은

아무 말 없이 많은 것을 마음에 쌓는다.

훗날 번갯불을 일으켜야 하는 사람은

오랜 시간 구름으로 살아가야 한다.

– 「아우구스트 분게르트에게 보낸 편지(1883. 3. 14.)」

Wer viel einst zu verkünden hat,

Schweigt viel in sich hinein:

Wer einst den Blitz zu zünden hat,

Muss lange — Wolke sein.

159

당신의 생각과 반대되는 생각에 대해서는 어떤 것도 주저하지 말고 자신에게 침묵하지 말라! 이 점을 맹세하라! 이것은 생각의 첫 번째 정직에 포함된다. 당신은 매일 자신을 상대로 싸워야 한다. 승리와 더불어 진지를 정복하는 것은 더는 당신의 일이 아닌 진실의 몫이다. 하지만 당신의 패배 역시 더는 당신의 일이 아니다.

–『아침놀』

Nie Etwas zurückhalten oder dir verschweigen, was gegen deinen Gedanken gedacht werden kann! Gelobe es dir! Es gehört zur ersten Redlichkeit des Denkens. Du musst jeden Tag auch deinen Feldzug gegen dich selber führen. Ein Sieg und eine eroberte Schanze sind nicht mehr deine Angelegenheit, sondern die der Wahrheit, — aber auch deine Niederlage ist nicht mehr deine Angelegenheit!

160

당신은 나에게 "인생은 견디기 힘들다."라고 말한다. 하지만 아침에 자부심을 느꼈다가 저녁에 포기하는 이유는 무엇인가? 인생은 견디기 힘들다. 하지만 나에게 너무 약하게 보이지 말라! 우리 모두는 아름답고, 등에 짐을 짊어진 당나귀다.

–『차라투스트라는 이렇게 말했다』

Ihr sagt mir: „das Leben ist schwer zu tragen." Aber wozu hättet ihr Vormittags euren Stolz und Abends eure Ergebung? Das Leben ist schwer zu tragen: aber so thut mir doch nicht so zärtlich! Wir sind allesammt hübsche lastbare Esel und Eselinnen. *Was haben wir gemein mit der Rosenknospe, welche zittert, weil ihr ein Tropfen Thau auf dem Leibe liegt? Es ist wahr: wir lieben das Leben, nicht, weil wir an's Leben, sondern weil wir an's Lieben gewöhnt sind. Es ist immer etwas Wahnsinn in der Liebe.*

161

사상가가 되기 위해서는 최소한 하루의 3분의 1 이상을 다음 세 가지와 함께 지내야 한다. 첫째는 사람을 사귀는 것, 둘째는 독서하는 것, 셋째는 열정을 품는 것이다. 이 중에 어느 하나라도 부족하다면 어떻게 사상가가 될 수 있을까?

– 『인간적인, 너무나 인간적인』

Hat man Schaden gestiftet, so sinne man darauf, Gutes zu stiften. — Wird man wegen seiner Handlungen gestraft, dann ertrage man die Strafe mit der Empfindung, damit schon etwas Gutes zu stiften: man schreckt die Anderen ab, in die gleiche Thorheit zu verfallen. Jeder gestrafte Uebelthäter darf sich als Wohlthäter der Menschheit fühlen. ***Wie kann Jemand zum Denker werden, wenn er nicht mindestens den dritten Theil jeden Tages ohne Leidenschaften, Menschen und Bücher verbringt?***

162

만약 당신이 양어장의 주인이라면, 당신은 물고기의 주인인 것처럼 자기 의견의 주인이기도 하다. 낚시할 때는 운이 따라야 한다. 그래야 자신만의 물고기, 자신만의 의견을 가질 수 있다. 이는 살아 있는 물고기, 살아 있는 의견을 가리킨다. 다른 사람들은 상자에 들어 있는 화석을 사서 소유하는 것에 뿌듯해한다. 이들은 남의 의견을 자신의 신념으로 삼는 것에 만족해한다.

– 『인간적인, 너무나 인간적인』

Man ist Besitzer seiner Meinungen, wie man Besitzer von Fischen ist, — insofern man nämlich Besitzer eines Fischteiches ist. Man muss fischen gehen und Glück haben, — dann hat man seine Fische, seine Meinungen. Ich rede hier von lebendigen Meinungen, von lebendigen Fischen. Andere sind zufrieden, wenn sie ein Fossilien-Cabinet besitzen — und, in ihrem Kopfe, „Ueberzeugungen." —

163

착각하지 말라. 자제심이라는 말을 머리로 이해한다고 해서 무엇이든 자제할 수 있는 것은 아니다.

-『인간적인, 너무나 인간적인』

니체의 여동생은 히틀러 신봉자였다?

니체의 아버지는 일찍 세상을 떠났다. 그래서 니체는 여동생 엘리자베스에게 아버지와 같은 존재였다. 하지만 엘리자베스는 반유대주의에 깊이 빠진 나머지 광적인 반유대주의자 푀르스터와 결혼하고, 니체도 반유대주의 운동에 끌어들이려 했다. 니체가 죽은 뒤에는 니체의 철학을 조작해 제국주의 독재자들에게 선전했다. 이탈리아의 파시스트 무솔리니에게 니체를 알리며 무솔리니를 새로운 카이사르라고 찬양하기도 했다. 또 독일 나치 총통 히틀러를 직접 만나 니체 철학을 알렸고, 이를 계기로 히틀러는 니체의 작품 보관소를 후원하게 되었다. 결국 나치는 니체 철학을 나치즘을 뒷받침하는 근거로 삼았다. 이처럼 니체를 악용한 엘리자베스 때문에 니체 철학은 오랫동안 수많은 오해와 불명예에 시달려야만 했다.

164

무언가를 체험할 때 그 체험에 온전히 집중하지 않고 관찰자 역할을 하려 해서는 안 된다. 체험이 잘 소화되는 것을 방해하기 때문이다. 지혜로운 사람이 되기 위해서는 특정 체험에 도전해야 한다. 물론 이것은 매우 위험하다. 이 과정에서 많은 현인이 먹혀 버렸다.

–『인간적인, 너무나 인간적인』

So lange man Etwas erlebt, muss man dem Erlebniss sich hingeben und die Augen schliessen, also nicht darin schon den Beobachter machen. Das nämlich würde die gute Verdauung des Erlebnisses stören: anstatt einer Weisheit trüge man eine Indigestion davon. Um weise zu werden, muss man gewisse Erlebnisse erleben wollen, also ihnen in den Rachen laufen. Sehr gefährlich ist diess freilich; mancher „Weise" wurde dabei aufgefressen.

165

괴물과 싸우는 사람은 자신도 괴물이 되지 않도록 주의해야 한다. 우리가 괴물의 심연을 오랫동안 들여다보면, 그 심연도 우리를 오랫동안 들여다볼 것이다.

–『선악의 저편』

Mann und Weib im Ganzen verglichen, darf man sagen: das Weib hätte nicht das Genie des Putzes, wenn es nicht den Instinkt der zweiten Rolle hätte. ***Wer mit Ungeheuern kämpft, mag zusehn, dass er nicht dabei zum Ungeheuer wird. Und wenn du lange in einen Abgrund blickst, blickt der Abgrund auch in dich hinein.*** *Aus alten florentinischen Novellen, überdies — aus dem Leben: buona femmina e mala femmina vuol bastone. Sacchetti Nov. 86. Den Nächsten zu einer guten Meinung verführen und hinterdrein an diese Meinung des Nächsten gläubig glauben: wer thut es in diesem Kunststück den Weibern gleich?*

166

거짓으로 꾸미지 않아도 될 상황에 몸을 맡겨라. 줄타기 곡예사가 그렇듯 줄 위에서 잘 버티거나 그냥 줄에서 떨어져라. 이도저도 안 되면 아예 달아나 버리든지.

-『우상의 황혼』

Das vollkommene Weib begeht Litteratur, wie es eine kleine Sünde begeht: zum Versuch, im Vorübergehn, sich umblickend, ob es Jemand bemerkt und dass es Jemand bemerkt. ***Sich in lauter Lagen begeben, wo man keine Scheintugenden haben darf, wo man vielmehr, wie der Seiltänzer auf seinem Seile, entweder stürzt oder steht — oder davon kommt****. „Böse Menschen haben keine Lieder." — Wie kommt es, dass die Russen Lieder haben? „Deutscher Geist": seit achtzehn Jahren eine contradictio in adjecto. Damit, dass man nach den Anfängen sucht, wird man Krebs.*

167

생겨나게 하는 사람은 생겨나게 하는 것을 바라지 않는다. 그는 그것에 대해 너무 조급해하기 때문이다. 젊은이는 오랜 연구와 고통과 가난 이후까지, 즉 사람과 물건에 대한 자신의 그림이 완성될 때까지 기다리는 것을 바라지 않는다. 따라서 그는 완성된 다른 그림을 받아들인다. 믿음과 확신을 지닌 채, 그것이 자신의 그림에 선과 색깔을 미리 준다는 것을 받아들인다.

– 『인간적인, 너무나 인간적인』

Gerade der Werdende will das Werdende nicht: er ist zu ungeduldig dafür. Der Jüngling will nicht warten, bis, nach langen Studien, Leiden und Entbehrungen, sein Gemälde von Menschen und Dingen voll werde: so nimmt er ein anderes, das fertig dasteht und ihm angeboten wird, auf Treu und Glauben an, als müsse es ihm die Linien und Farben seines Gemäldes vorweg geben.

168

현대성이 우리를 병들게 한다. 안이함과 평온 때문에, 야비한 타협 때문에, 현대성의 불결한 긍정과 부정 때문에……. 모든 것을 이해해서 모든 것을 수용하는 관용은 뜨거운 바람이다. 따라서 현대의 미덕과는 다른 남풍이 부는 곳보다는 차라리 빙하 위에서 사는 것이 낫다.

–『안티크리스트』

An dieser Modernität waren wir krank, — am faulen Frieden, am feigen Compromiss, an der ganzen tugendhaften Unsauberkeit des modernen Ja und Nein. Diese Toleranz und largeur des Herzens, die Alles „verzeiht", weil sie Alles „begreift", ist Scirocco für uns. Lieber im Eise leben als unter modernen Tugenden und andren Südwinden!

169

조급하게 서두르다가 저지른 실수는 한 번으로 끝나지 않는다. 사람들은 처음에 저지른 실수를 아무렇지 않게 넘겨 버린다. 그래서 똑같은 실수를 반복하는 것이다.

– 『우상의 황혼』

Man begeht selten eine Übereilung allein. In der ersten Übereilung thut man immer zu viel. Eben darum begeht man gewöhnlich noch eine zweite — und nunmehr thut man zu wenig. *Der getretene Wurm krümmt sich. So ist es klug. Er verringert damit die Wahrscheinlichkeit, von Neuem getreten zu werden. In der Sprache der Moral: Demuth. — Es giebt einen Hass auf Lüge und Verstellung aus einem reizbaren Ehrbegriff; es giebt einen ebensolchen Hass aus Feigheit, insofern die Lüge, durch ein göttliches Gebot, verboten ist. Zu feige, um zu lügen. Wie wenig gehört zum Glücke! Der Ton eines Dudelsacks.*

170

Eine Verurtheilung des Lebens von Seiten des Lebenden bleibt zuletzt doch nur das Symptom einer bestimmten Art von Leben: die Frage, ob mit Recht, ob mit Unrecht, ist gar nicht damit aufgeworfen. Man müsste eine Stellung ausserhalb des Lebens haben, und andrerseits es so gut kennen, wie Einer, wie Viele, wie Alle, die es gelebt haben, um das Problem vom Werth des Lebens überhaupt anrühren zu dürfen: Gründe genug, um zu begreifen, dass das Problem ein für uns unzugängliches Problem ist. Wenn wir von Werthen reden, reden wir unter der Inspiration, unter der Optik des Lebens.

삶에 관한 가치 판단이 긍정적이든 부정적이든 그것은 결국 참이 아니다. 단지 징후로서만 의미가 있을 뿐이다. 가치 판단 자체가 사실은 어리석은 짓이다.

– 『우상의 황혼』

171

자신의 의견을 숨기거나 그 의견 뒤에 숨는 것이 낫다. 이와 다르게 하는 사람은 세상의 흐름을 잘 이해하지 못하거나 무분별함을 섬기는 성스러운 수도회에 속해 있는 자다.

－『인간적인, 너무나 인간적인』

Man muss sich hüten, sein Leben auf einen zu schmalen Grund von Begehrlichkeit zu gründen: denn wenn man den Freuden entsagt, welche Stellungen, Ehren, Genossenschaften, Wollüste, Bequemlichkeiten, Künste mit sich bringen, so kann ein Tag kommen, wo man merkt, statt der Weisheit, durch diese Verzichtleistung den Lebens-Ueberdruss zum Nachbarn erlangt zu haben. ***Entweder verstecke man seine Meinungen, oder man verstecke sich hinter seine Meinungen. Wer es anders macht, der kennt den Lauf der Welt nicht oder gehört zum Orden der heiligen Tollkühnheit.***

172

자신이 혐오스럽게 여겨질 때, 만사가 짜증나고 귀찮게만 느껴질 때, 어떤 것을 해도 좀처럼 힘이 나지 않을 때는 활기를 되살리기 위해 무엇을 해야 할까? 노름이나 종교에 푹 빠지는 것이 좋을까? 요즘 유행하는 긴장 완화 요법을 따라 해 볼까? 아니면 여행을 떠나야 할까? 술을 마실까? 이 모든 것보다 더 좋은 해결책은 식사를 제대로 하고 푹 쉰 다음 숙면을 취하는 것이다. 평소보다 더 많은 양을 먹은 후 잠을 자고 일어나면 새로운 기운으로 가득 찬 자신을 발견하게 될 것이다.

-『아침놀』

Was thun, um sich anzuregen, wenn man müde und seiner selbst satt ist? Der Eine empfiehlt die Spielbank, der Andere das Christenthum, der Dritte die Electricität. Das Beste aber, mein lieber Melancholiker, ist und bleibt: viel schlafen, eigentlich und uneigentlich!

173

평범한 사람에게는 평등을, 뛰어난 사람에게는 불평등을. 그렇다고 뛰어난 사람을 평범하게 만들어서는 안 된다.

-『우상의 황혼』

스위스에는 '니체 바위'가 있다?

건강 문제로 대학 교수직에서 은퇴한 니체는 날씨가 좋고 경치가 아름다운 곳으로 휴양 여행을 자주 다녔다. 그중 해발 1,800여 미터의 알프스 고산 지대인 스위스의 질스마리아는 니체가 매우 아끼는 장소였다. 그가 질스마리아에 올 때마다 머물렀던 집은 현재 '니체하우스'라고 불린다. 니체의 저서인『이 사람을 보라』에는 다음과 같은 내용이 나온다. 니체는 실바플라나 호수 옆 숲길을 걷다가 피라미드 형태로 우뚝 솟아오른 거대한 바위 앞에 멈춰 섰다. 그는 이곳에서 모든 것은 영원히 반복된다는 영원 회귀 사상의 실마리를 얻었고, 수많은 영감이 떠올랐다고 한다. 그래서 이 바위를 '니체 바위' 또는 '차라투스트라 바위'라고 부른다.

174

나를 믿어라! 가장 큰 풍요로움과 즐거움을 거두는 비결은 바로 위험하게 사는 것이다. 베수비오산에 당신만의 도시를 건설하라! 당신의 배를 미지의 바다로 보내라!

-『우상의 황혼』

Denn, glaubt es mir! — das Geheimniss, um die grösste Fruchtbarkeit und den grössten Genuss vom Dasein einzuernten, heisst: gefährlich leben! Baut eure Städte an den Vesuv! Schickt eure Schiffe in unerforschte Meere! *Lebt im Kriege mit Euresgleichen und mit euch selber! Seid Räuber und Eroberer, so lange ihr nicht Herrscher und Besitzer sein könnt, ihr Erkennenden! Die Zeit geht bald vorbei, wo es euch genug sein durfte, gleich scheuen Hirschen in Wäldern versteckt zu leben! Endlich wird die Erkenntniss die Hand nach dem ausstrecken, was ihr gebührt.*

175

당신이 삶에 관해 부정적으로 말하는 것은 마치 마술처럼 충만하고 부드러운 긍정을 불러온다. 그렇다. 자신을 파괴하는 데 전문인 당신이 스스로를 다치게 한다 해도 이후에는 그 상처가 당신을 살아가도록 할 것이다.

-『도덕의 계보학』

Der Mensch hat es satt, oft genug, es giebt ganze Epidemien dieses Satthabens (— so um 1348 herum, zur Zeit des Todtentanzes): aber selbst noch dieser Ekel, diese Müdigkeit, dieser Verdruss an sich selbst — Alles tritt an ihm so mächtig heraus, dass es sofort wieder zu einer neuen Fessel wird. ***Sein Nein, das er zum Leben spricht, bringt wie durch einen Zauber eine Fülle zarterer Ja's an's Licht; ja wenn er sich verwundet, dieser Meister der Zerstörung, Selbstzerstörung, — hinterdrein ist es die Wunde selbst, die ihn zwingt, zu leben.***

PART 6에서 여러분의 마음을 움직인 문장이나 구절을 적어 보세요. 그리고 '니체의 생각'에 이어 '여러분의 생각'도 덧붙여 보세요.

PART 6 더 냉철하게, 더 여유롭게, 더 지혜롭게

PART 7

우리의 암울한 밤을 밝혀 주는

- ‘예술’에 관한 19가지 잠언들

176

나는 힘이 넘치며 암울한 천재 철학가 쇼펜하우어에게 큰 감동을 받고, 내 몸을 그에게 맡겨 버렸다. 그의 책은 첫 줄부터 모든 말이 포기, 부정, 체념뿐이었다. 나는 그 책으로 세계, 생애, 그리고 자신을 비추어 볼 수 있는 크나큰 거울을 발견했다.

나는 그 책을 통해 예술이 지닌 사심 없이 완벽한 태양의 눈을 바라보았다. 나는 질환과 치유, 추방과 도피처, 그리고 지옥과 천국을 맞닥뜨렸다.

–「라이프치히에서 보낸 2년에 대한 회고」

Zu Hause warf ich mich mit dem erworbenen Schatze in die Sofaecke und begann jenen energischen düsteren Genius auf mich wirken zu lassen. Hier war jede Zeile, die Entsagung, Verneinung, Resignation schrie, hier sah ich einen Spiegel, in dem ich Welt Leben und eigen Gemüt in entsetzlicher Großartigkeit erblickte.

177

괴테의 품위와 사무사(思無邪), 베토벤의 성스럽고도 은자적인 단념, 모차르트의 상냥함과 매혹, 헨델의 율법 안에서의 자유로움과 불굴의 남성성, 바흐의 태연하고도 환하게 빛나는 내면의 삶, 성공과 영예를 전혀 포기하지 않는 삶.

–『인간적인, 너무나 인간적인』

*Die Tugend ist nicht von den Deutschen erfunden. — **Goethe's Vornehmheit und Neidlosigkeit, Beethoven's edle einsiedlerische Resignation, Mozart's Anmuth und Grazie des Herzens, Händel's unbeugsame Männlichkeit und Freiheit unter dem Gesetz, Bach's getrostes und verklärtes Innenleben, welches nicht einmal nöthig hat, auf Glanz und Erfolg zu verzichten,** — sind denn diess deutsche Eigenschaften? — Wenn aber nicht, so zeigt es wenigstens, wonach Deutsche streben sollen und was sie erreichen können.*

178

모든 비애와 참혹한 영혼의 상태를 이겨 내려면 먼저 식단을 바꾸고 육체적으로 힘든 일을 해야 한다. 하지만 인간은 이러한 감정이나 상태에 빠졌을 때 자신을 매료시키는 것에 손을 뻗기 쉽다. 이를테면 예술 등에 말이다. 하지만 이는 그들이나 예술에 화만 불러올 뿐이다. 환자가 예술을 갈망하면 예술가를 병들게 한다는 사실을 모른단 말인가?

–『아침놀』

Gegen jede Art von Trübsal und Seelen-Elend soll man zunächst versuchen: Veränderung der Diät und körperliche derbe Arbeit. Aber die Menschen sind gewohnt, in diesem Falle nach Mitteln der Berauschung zu greifen: zum Beispiel nach der Kunst, — zu ihrem und der Kunst Unheil! Merkt ihr nicht, dass, wenn ihr als Kranke nach der Kunst verlangt, ihr die Künstler krank macht?

179

예술은 어느 지점까지 세계의 내부를 꿰뚫는가? 예술가의 외부에는 다른 예술적 힘이 있는 것인가? 이 물음이 나의 시작점이었다.
나는 두 번째 물음에는 "그렇다."라고 대답했다. 첫 번째 물음에는 "세계는 예술이 아니면 그 어떤 것도 아니다."라고 대답했다.

– 『유고(1885년 가을~1886년 가을)』

„Wie weit reicht die Kunst ins Innere der Welt? Und giebt es abseits vom ‚Künstler' noch künstlerische Gewalten?" Diese Frage war, wie man weiß, mein Ausgangspunkt: und ich sagte Ja zu der zweiten Frage; und zur ersten „die Welt selbst ist nichts als Kunst." *Der unbedingte Wille zum Wissen, zur Wahr- und Weisheit erschien mir in einer solchen Welt des Scheins als Freveln an <dem> metaphysischen Grundwillen, als Wider-Natur.*

180

나는 오로지 자신만 생각하고 자신만 신뢰하고 자신에게 깊이 몰입해 세상을 잊어버린 음악을 순수한 음악이라고 부른다. 이 음악은 가장 깊숙한 외로움에서 나온다. 자신에게 몰입해 자신과 이야기하고, 귀를 기울이는 사람과 청중이 있다는 것을 알지 못하는 음악이다. 또한 영향과 오해, 실패가 밖에 있다는 것도 알지 못하는 음악이다.

-『아침놀』

Aber ich nenne eine unschuldige Musik jene, welche ganz und gar nur an sich denkt, an sich glaubt, und über sich die Welt vergessen hat, — das Von-selber-Ertönen der tiefsten Einsamkeit, die über sich mit sich redet und nicht mehr weiss, dass es Hörer und Lauscher und Wirkungen und Missverständnisse und Misserfolge da draussen giebt.

181

여느 때보다 우리 배우들이 더할 나위 없는 존경을 받을 만하다는 나의 생각 자체가 그들이 지닌 위험을 약하다 느끼게 하지는 않습니다. 하지만 아직도 내가 무엇을 원하는지에 관해 의문을 품을 사람이 있을까요? 예술에 대해 내가 느끼는 격노, 근심, 사랑이 내게 말하도록 만든 세 개의 요구 사항 말입니다.

극장은 예술을 감독하는 주인이 되어서는 안 된다는 것.

배우는 참된 예술가를 미혹하는 자가 되어서는 안 된다는 것.

음악은 기만의 예술이 되어서는 안 된다는 것.

– 『바그너의 경우』

Dass das Theater nicht Herr über die Künste wird.

Dass der Schauspieler nicht zum Verführer der Echten wird.

Dass die Musik nicht zu einer Kunst zu lügen wird.

182

음악이 존재하지 않는 삶은 잘못된 삶이자, 고달픈 삶이며, 유배당한 삶이다.

-『우상의 황혼』

니체는 왜 바그너의 음악을 혹평했을까?

니체는 20대 때 바그너의 음악에 푹 빠져 지냈다. 니체는 바그너와 가깝게 지냈고, 그를 위대한 영웅으로 숭상해 『비극의 탄생』처럼 그의 음악과 예술성을 찬미하는 책도 집필했다. 하지만 언제부턴가 두 사람의 관계는 삐거덕거리기 시작했다. 사실 바그너는 니체를 자신의 음악을 홍보하는 데 필요한 젊은 학자 정도로만 여겼다. 니체는 바그너가 인종주의와 엘리트주의, 종교에 경도되었다는 것을 알게 된 후 그에게서 등을 돌렸다. 말년에는 『바그너의 경우』, 『니체 대 바그너』에서 바그너를 노골적으로 적대시하고 바그너의 음악을 퇴폐적이라고 비판했다. 니체는 『바그너의 경우』에서 다음과 같이 말했다. "바그너는 질병이 아니던가? 그가 손을 댄 모든 것이 병들었다. 그는 음악도 병들게 했다."

183

우리는 자신의 재능이 아무리 뛰어나다고 여겨도, 라파엘로의 회화나 셰익스피어의 희곡까지 창작할 수 있다고 보지는 않는다. 천재의 능력은 천상의 것, 또는 우연 중의 우연으로 생각하거나 종교적으로는 신의 은혜라고 믿는다.

– 『인간적인, 너무나 인간적인』

Weil wir gut von uns denken, aber doch durchaus nicht von uns erwarten, dass wir je den Entwurf eines Rafaelischen Gemäldes oder eine solche Scene wie die eines Shakespeare'schen Drama's machen könnten, reden wir uns ein, das Vermögen dazu sei ganz übermässig wunderbar, ein ganz seltener Zufall, oder, wenn wir noch religiös empfinden, eine Begnadigung von Oben. *So fördert unsere Eitelkeit, unsere Selbstliebe, den Cultus des Genius': denn nur wenn dieser ganz fern von uns gedacht ist, als ein miraculum, verletzt er nicht.*

184

아마도 먼 과거로부터 이어져 온 예술이 우리에게 가장 좋은 예술일 것이다. 현재는 직접적인 방식을 사용해서 이에 다다르기가 힘들 것이다. 하지만 태양이 이미 모습을 감추었다 하더라도 우리 인생의 하늘은 환하게 빛난다. 설령 우리가 계속 바라볼 수 없게 된다 할지라도 하늘은 멈추지 않고 빛을 비출 것이다.

-『인간적인, 너무나 인간적인』

Vielleicht dass niemals früher die Kunst so tief und seelenvoll erfasst wurde, wie jetzt, wo die Magie des Todes dieselbe zu umspielen scheint. ***Das Beste an uns ist vielleicht aus Empfindungen früherer Zeiten vererbt, zu denen wir jetzt auf unmittelbarem Wege kaum mehr kommen können; die Sonne ist schon hinuntergegangen, aber der Himmel unseres Lebens glüht und leuchtet noch von ihr her, ob wir sie schon nicht mehr sehen.***

185

음악은 그것과 멀찌감치 떨어져 있을 때 더욱 큰 그리움과 사랑을 느끼도록 한다. 이처럼 때때로 어떠한 대상과 거리를 두고 멀리 떨어져 이를 바라본다면, 많은 것이 자신의 생각보다 더 아름답고 중요하다는 사실을 깨닫게 되리라.

–『아침놀』

A: Aber warum diese Einsamkeit? — B: Ich zürne Niemandem. Aber allein scheine ich meine Freunde deutlicher und schöner zu sehen, als zusammen mit ihnen; ***und als ich die Musik am meisten liebte und empfand, lebte ich ferne von ihr. Es scheint, ich brauche die fernen Perspectiven, um gut von den Dingen zu denken.*** *Hier und da giebt es einen Menschen, der Alles, was er berührt, in Gold verwandelt. Eines guten bösen Tages wird er entdecken, dass er selber dabei verhungern muss.*

186

"즐거웠던 과거의 시절"은 흘러가 버렸다. 그 시절은 모차르트에 의해 한껏 노래로 불리었다. 그의 로코코(rococo)는 지금까지 우리에게 말을 건다! 이토록 "즐거운 사회", 이토록 부드러운 열광, 중국적인 것과 소용돌이 무늬에 대한 어린아이 같은 열망, 정중한 마음, 우아한 것, 사랑스러운 것, 춤추는 것, 복된 자에 대한 눈물의 소망, 남부에 대한 그의 믿음이 우리 안에 남아 있는 무엇에 아직 호소할 수 있다니!

–『선악의 저편』

Wie glücklich wir, dass zu uns sein Rokoko noch redet, dass seine „gute Gesellschaft", sein zärtliches Schwärmen, seine Kinderlust am Chinesischen und Geschnörkelten, seine Höflichkeit des Herzens, sein Verlangen nach Zierlichem, Verliebtem, Tanzendem, Thränenseligem, sein Glaube an den Süden noch an irgend einen Rest in uns appelliren darf!

187

어떤 예술가는 빵과 예술, 이 두 가지만을 진심으로 가지기를 원한다. 나는 이와 같은 예술가를 사랑한다.

-『우상의 황혼』

Oh Sie kennen die Wahrheit nicht! Ist sie nicht ein Attentat auf alle unsre pudeurs? ***Das ist ein Künstler, wie ich Künstler liebe, bescheiden in seinen Bedürfnissen: er will eigentlich nur Zweierlei, sein Brod und seine Kunst,*** *— panem et Circen. Wer seinen Willen nicht in die Dinge zu legen weiss, der legt wenigstens einen Sinn noch hinein: das heisst, er glaubt, dass ein Wille bereits darin sei (Princip des „Glaubens“). Wie? ihr wähltet die Tugend und den gehobenen Busen und seht zugleich scheel nach den Vortheilen der Unbedenklichen? — Aber mit der Tugend verzichtet man auf „Vortheile“… (einem Antisemiten an die Hausthür.)*

188

Hat man bemerkt, dass die Musik den Geist frei macht? dem Gedanken Flügel giebt? dass man um so mehr Philosoph wird, je mehr man Musiker wird? — Der graue Himmel der Abstraktion wie von Blitzen durchzuckt; das Licht stark genug für alles Filigran der Dinge; die grossen Probleme nahe zum Greifen; die Welt wie von einem Berge aus überblickt. — Ich definirte eben das philosophische Pathos.

사람들은 음악이 마음을 자유롭게 해 주고, 생각에 날개를 달아 준다는 사실을 알까? 음악가가 될수록 철학자가 된다는 사실은? 추상이라는 잿빛 하늘에 번쩍거리는 번개가 지나간 것 같다. 그 빛은 사물의 모든 금사 세공을 비추는 데 부족함이 없이 강하다. 커다란 문제들이 대부분 눈에 띈다. 온 세상이 마치 산에서 내려다보는 것처럼 보인다.

– 『바그너의 경우』

189

그렇다. 베토벤은 그저 변화 속에서 양식이 단절되는 것의 끝자락에 불과했을 뿐, 모차르트처럼 오랜 세월에 걸친 위대한 유럽적 취향의 끝자락은 아니었다. 베토벤은 '끝없이 허물어지는 흔들거리는 옛 영혼'과 '끝없이 다가오는 미래의 너무나 젊은 영혼', 그 가운데에 있는 사건이다. 그의 음악에는 '무한한 상실'과 '무한히 빛나가는 희망'의 노을빛이 어려 있다. 그 빛은 루소와 함께 꿈꾸었을 때, 그 빛이 혁명의 평화수(平和樹) 주변을 돌며 춤추다 이윽고 나폴레옹 앞에서 간청하다시피 했을 때, 유럽은 그 빛에 빠져들게 되었다.

-『선악의 저편』

Aber wer darf zweifeln, dass es noch früher mit dem Verstehen und Schmecken Beethoven's vorbei sein wird! — der ja nur der Ausklang eines Stil-Übergangs und Stil-Bruchs war und nicht, wie Mozart, der Ausklang eines grossen Jahrhunderte langen europäischen Geschmacks.

190

진리는 더럽고 흉악하다. 우리는 진리에 의해 파괴되지 않기 위해 예술을 지니는 것이다.

-『유고(1888년 봄)』

아폴론적 요소 vs. 디오니소스적 요소

니체는『비극의 탄생』에서 아폴론적 요소와 디오니소스적 요소를 대비해 설명했다. 그는 그리스 비극이 아폴론적 요소와 디오니소스적 요소가 잘 조화된 최고의 예술이라고 생각했다. 여기서 아폴론은 태양과 이성의 신이고, 디오니소스는 술과 음악, 축제의 신이다. 따라서 아폴론적 요소는 질서와 조화, 합리성 등을 가리키고, 디오니소스적 요소는 자유와 역동, 감성 등을 가리킨다. 니체는 고대 그리스 시대 이후 사람들이 점점 아폴론적 요소만 추구하고 디오니소스적 요소는 무시했다고 주장한다. 디오니소스적 요소를 되살리려면 예술이 필요한데, 특히 음악이 그 역할을 한다고 보았다. 니체는 이 책에서 바그너의 음악이야말로 아폴론적 요소와 디오니소스적 요소가 조화를 이룬 최고의 예술이라고 극찬했다.

191

예술가들은 자신들의 작은 기만을 꿰뚫어보는 눈을 가장 두려워한다. 이 눈은 그들이 얼마나 자신의 향유를 순진하게 지향할 것인지, 또는 효과를 불러오는 것을 지향할 것인지 기로에 서 있는 것을 단번에 알아차린다. 이 눈은 그들이 다수를 위해 소수를 팔아넘기려 할 때, 또한 그들이 자신은 고양되지 않았음에도 고양되려 하고 치장하려 할 때에 그 의도를 간파한다.

– 『아침놀』

Nichts wird von Künstlern, Dichtern und Schriftstellern mehr gefürchtet, als jenes Auge, welches ihren kleinen Betrug sieht, welches nachträglich wahrnimmt, wie oft sie an dem Gränzwege gestanden haben, wo es entweder zur unschuldigen Lust an sich selber oder zum Effect-machen abführte.

192

우리가 약점을 지닐 수밖에 없고 그것이 우리를 지배하는 규칙이라 받아들여야 한다면, 나는 사람들이 적어도 예술가적 힘을 지니기를 바란다. 자신의 약점을 통해 오히려 자신의 덕을 드러낼 줄 알고, 자신의 약점을 통해 우리에게 덕을 갈망하게 하는 힘을 만들기를 바란다. 훌륭한 예술가들은 이러한 힘을 가지고 있다.

– 『아침놀』

Wenn wir durchaus Schwächen haben sollen und sie als Gesetze über uns endlich auch anerkennen müssen, so wünsche ich Jedem wenigstens so viel künstlerische Kraft, dass er aus seinen Schwächen die Folie seiner Tugenden und durch seine Schwächen uns begehrlich nach seinen Tugenden zu machen verstehe: Das, was in so ausgezeichnetem Maasse die grossen Musiker verstanden haben.

193

천재는 최고의 목적성을 가지고 환상적이며 비이성적인 것, 즉 예술을 창조할 때와 이것을 해야 한다는 사실마저 잊고 있을 때 세상에서 제일 행복하다.

–『아침놀』

Es besitzt einmal viele wilde, unordentliche, unwillkürliche Bewegung und sodann wiederum viele höchste Zweckthätigkeit der Bewegung, — dabei ist ihm ein Spiegel zu eigen, der beide Bewegungen neben einander und in einander, aber auch oft genug wider einander zeigt. ***In Folge dieses Anblicks ist es oft unglücklich, und wenn es ihm am wohlsten wird, im Schaffen, so ist es, weil es vergisst, dass es gerade jetzt mit höchster Zweckthätigkeit etwas Phantastisches und Unvernünftiges thut (das ist alle Kunst) — thun muss.***

194

내 몸이 음악에 무엇을 바라는지 스스로에게 물어본다. 영혼은 존재하지 않으므로 육체가 가벼워지기를 바란다. 육체의 동물적 기능이 경쾌하고 용감하고 활기차고 자신 있는 리듬으로 날쌔지듯이. 청동이나 납덩어리 같은 인생이 황금처럼 부드럽고 매끈한 선율로 무거움을 잃어버리듯이. 우울한 나는 완벽함이라는 피난처와 심연 속에 머무르고 싶다. 그러므로 나에게는 음악이 있어야 한다.

-『니체 대 바그너』

Denn es giebt keine Seele. Ich glaube, seine Erleichterung: wie als ob alle animalischen Funktionen durch leichte, kühne, ausgelassne, selbstgewisse Rhythmen beschleunigt werden sollten; wie als ob das eherne, das bleierne Leben durch goldene zärtliche ölgleiche Melodien seine Schwere verlieren sollte.

PART 7에서 여러분의 마음을 움직인 문장이나 구절을 적어 보세요. 그리고 '니체의 생각'에 이어 '여러분의 생각'도 덧붙여 보세요.

PART 8

인생이 나지막하게 들려주는 속삭임

- '진실과 진리'에 관한 33가지 잠언들

195

몹시 더운 어느 날, 차라투스트라는 무화과나무 아래에서 얼굴을 두 팔로 가리고 잠에 빠져 있었다. 이때 독사 한 마리가 차라투스트라의 목을 깨물었다. 그는 너무 아파서 소리를 질렀다. 차라투스트라가 팔을 내리고 독사를 보자, 그를 알아본 독사는 도망치려 했다. 그러자 차라투스트라가 말했다.

"달아나지 마라. 먼 길을 가야 하는 나를 알맞은 시간에 깨워 주었으니 고맙다는 인사말을 들어야 하지 않겠는가."

– 『차라투스트라는 이렇게 말했다』

Als er den Arm vom Gesicht genommen hatte, sah er die Schlange an: da erkannte sie die Augen Zarathustra's, wand sich ungeschickt und wollte davon. „Nicht doch, sprach Zarathustra; noch nahmst du meinen Dank nicht an! Du wecktest mich zur Zeit, mein Weg ist noch lang."

196

'과연 나는 무엇을 하고 있는가? 왜 다른 이가 아닌 내가 그것을 해야만 하는가?' (…) 우리에게는 이러한 물음에 관해 생각해 볼 시간이 없다. 우리는 진리에 대해 말해 보려 하지도 않은 채 아이들에게 농담을 내뱉고, 여성들에게 칭찬을 늘어놓으며, 젊은이들에게 미래와 기쁨에 대해 충분히 말하려고 한다.

–『아침놀』

Dagegen mit Kindern von Possen zu reden und nicht von der Wahrheit, mit Frauen, die später Mütter werden sollen, Artigkeiten zu reden und nicht von der Wahrheit, mit Jünglingen von ihrer Zukunft und ihrem Vergnügen zu reden und nicht von der Wahrheit, — dafür ist immer Zeit und Lust da!

197

우리는 사고하는 개구리가 아니다. 차가워진 내장으로 객관화하고 메모하는 장치가 아니다. 우리는 늘 산고를 느끼며 우리의 사상을 낳을 수밖에 없다. 또한 어머니처럼 피, 마음, 불, 환희, 열정, 고통, 양심, 운명 등 우리의 모든 것을 사상에게 주어야 한다. 삶은 우리의 전부이고, 우리가 빛과 불꽃으로 변화시키는 전부이며, 우리와 만나는 전부다. 이외에 다른 방법은 없다.

–『즐거운 학문』

Wir sind keine denkenden Frösche, keine Objektivir- und Registrir-Apparate mit kalt gestellten Eingeweiden, – wir müssen beständig unsre Gedanken aus unsrem Schmerz gebären und mütterlich ihnen Alles mitgeben, was wir von Blut, Herz, Feuer, Lust, Leidenschaft, Qual, Gewissen, Schicksal, Verhängniss in uns haben.

198

영혼은 무너뜨리는 동시에 창조한다. 영혼은 싸움에 일가견이 있지만, 상대방을 제 편으로 은밀히 끌어들일 줄도 안다. 무엇보다 영혼은 겉치레 따위는 구애하지 않는다. 이름, 인물, 장소, 화려한 말, 호화로운 장식 등의 가치는 부수적일 뿐이다. 영혼이 근본적으로 가치를 두는 것은 내면에 존재한다.

– 「분위기들에 대하여」

Sie vernichtet und gebie[r]t dabei neues, sie kämpft heftig und zieht den Gegner doch sanft auf ihre Seite zu inniger Vereinigung. Und das Wunderbarste ist, daß sie nie auf das Äußre achtet, Name, Personen, Gegenden, schöne Worte, Schriftzüge, alles ist ihr von untergeordnetem Werthe, abe[r] sie schätzt das, was in der Hülle ruht.

199

나는 걷는 방법을 배운 이후 줄곧 달렸다. 나는 하늘을 나는 방법을 배운 뒤로 타인의 도움 없이 움직였다. 나는 가벼워졌다. 나는 하늘을 날며 나 자신을 내려다본다. 비로소 어떤 신이 내 안에서 춤춘다.

-『차라투스트라는 이렇게 말했다』

Ich würde nur an einen Gott glauben, der zu tanzen verstünde. Und als ich meinen Teufel sah, da fand ich ihn ernst, gründlich, tief, feierlich: es war der Geist der Schwere, — durch ihn fallen alle Dinge. Nicht durch Zorn, sondern durch Lachen tödtet man. Auf, lasst uns den Geist der Schwere tödten! ***Ich habe gehen gelernt: seitdem lasse ich mich laufen. Ich habe fliegen gelernt: seitdem will ich nicht erst gestossen sein, um von der Stelle zu kommen. Jetzt bin ich leicht, jetzt fliege ich, jetzt sehe ich mich unter mir, jetzt tanzt ein Gott durch mich.***

200

'음침한 갈망'은 더 이상 없다. 올바른 길에 가장 무지한 자가 이른바 착한 인간이었다.
진심으로 말하지만, 내가 등장하기 전에는 올바른 길, 즉 위로 올라가는 진리의 길을 아무도 몰랐다. 나로 말미암아 문화의 소망과 완수할 과제와 예정된 길이 다시 나타났다. 나는 이와 같은 복음을 설파하는 자다. 그래서 나는 하나의 운명이다.

– 『이 사람을 보라』

Es ist zu Ende mit allem „dunklen Drang", der gute Mensch gerade war sich am wenigsten des rechten Wegs bewusst. Und allen Ernstes, Niemand wusste vor mir den rechten Weg, den Weg aufwärts: erst von mir an giebt es wieder Hoffnungen, Aufgaben, vorzuschreibende Wege der Cultur — ich bin deren froher Botschafter. Eben damit bin ich auch ein Schicksal.

201

인식하는 사람이 물속에 뛰어드는 것을 피한다면, 이는 진리의 불결함 때문이 아니라 얕음 때문임을 알라.

– 『차라투스트라는 이렇게 말했다』

니체의 여동생은 살아 있는 니체를 전시했다?

니체는 정신병에 걸린 이후 세상을 떠나기 전까지 불우한 말년을 보냈다. 이 시기에 여동생 엘리자베스는 니체를 유명하게 만드는 일에만 몰두했다. 니체의 유명세를 이용해 자신의 부와 명예를 얻고자 했던 것이다. 엘리자베스는 니체의 보호자 자격으로 그의 작품에 대한 저작권을 모조리 소유했다. 이때부터 니체의 작품이 조작되기 시작했다. 이로 말미암아 니체는 훗날 인종주의자, 반유대주의자, 전체주의자로 오해받게 되었다. 심지어 엘리자베스는 일종의 '니체박물관'을 만들었다. 살아 있지만 정신이 온전치 못한 니체에게 흰 사제복을 입힌 후 박물관의 전시물처럼 전시해 놓은 것이다. 엘리자베스는 니체를 작품 보관소 한 칸에서 먹고 자도록 하고는 사람들이 돈을 내고 구경하게 했다. 니체는 이에 아무런 대처도 할 수 없었다.

202

신은 죽었다! 신은 줄곧 죽어 있다! 우리가 신을 죽였다! 살인마 중의 살인마인 우리가 어떻게 스스로를 위로할 수 있을까? 세상에서 가장 성스럽고 막강한 존재들이 늘 우리의 칼에 찔려 피 흘리며 죽었다. 우리 손에서 이 피를 씻겨 줄 자가 있을까? 우리를 씻길 물이 있을까? 우리는 어떤 속죄의 제사나 신성한 게임을 만들어야 할까? 이것은 너무나 위대한 행위 아닌가? 이 행위의 가치를 입증하려면 우리 스스로 신이 되어야 하지 않을까?

–『즐거운 학문』

Gott ist todt! Gott bleibt todt! Und wir haben ihn getödtet! Wie trösten wir uns, die Mörder aller Mörder? Das Heiligste und Mächtigste, was die Welt bisher besass, es ist unter unseren Messern verblutet, — wer wischt diess Blut von uns ab?

203

어릴 적부터 예수가 우리를 구원한다고 믿었지만, 가령 마호메트 같은 다른 사람이 우리를 구원한다고 믿었다면 우리는 동일한 은혜를 경험하지 못했을까?
우리의 믿음 때문에 은혜를 받는 것이지, 믿음 배후의 어떤 객관적 실체 때문에 은혜를 받는 것은 아니다.

－「동생 엘리자베스에게 보낸 편지(1865. 6. 11.)」

Wenn wir von Jugend an geglaubt hätten, daß alles Seelenheil von einem Anderen als Jesus ist, ausfließe, etwa von Muhamed, ist es nicht sicher, daß wir derselben Segnungen theilhaftig geworden wären? Gewiß, der Glaube allein segnet, nicht das Objektive, was hinter dem Glauben steht. *Dies schreibe ich Dir nur, liebe Lisbeth, um dem gewöhnlichsten Beweismittel gläubiger Menschen damit zu begegnen, die sich auf ihre inneren Erfahrungen berufen und daraus die Untrüglichkeit ihres Glaubens herleiten.*

204

진리는 그것이 환상이라는 사실을 잊은 사람들의 환상이다. 이미 써 버려 감각적인 힘을 잃어버린 은유다. 새겨진 무늬가 지워져 더 이상 사람들이 동전으로 바라보지 못하는 금속 조각이다.

–「비도덕적 의미와 진리와 거짓에 관하여」

Was ist also Wahrheit? Ein bewegliches Heer von Metaphern, Metonymien, Anthropomorphismen kurz eine Summe von menschlichen Relationen, die, poetisch und rhetorisch gesteigert, übertragen, geschmückt wurden, und die nach langem Gebrauche einem Volke fest, canonisch und verbindlich dünken: ***die Wahrheiten sind Illusionen, von denen man vergessen hat, dass sie welche sind, Metaphern, die abgenutzt und sinnlich kraftlos geworden sind, Münzen, die ihr Bild verloren haben und nun als Metall.***

205

사상가가 명상하는 삶을 택하는 것은 인생에서 무언가를 포기하는 것이 아니다. 오히려 실천하는 삶을 사는 것이 포기와 우울, 몰락으로 가는 지름길이다.
사상가는 실천하는 삶이 무엇인지, 자신이 어떤 사람인지 잘 알고 있으므로 그 길을 택하지 않는다. 그는 자신의 심연 속으로 뛰어들어 스스로 활기를 되찾는다.

-『아침놀』

Das giebt eine unfruchtbare, vielleicht schwermüthige Einsamkeit. Diess hat Nichts gemein mit der Einsamkeit der vita contemplativa des Denkers: wenn er sie wählt, will er keineswegs entsagen; vielmehr wäre es ihm Entsagung, Schwermuth, Untergang seiner selbst, in der vita practica ausharren zu müssen: auf diese verzichtet er, weil er sie kennt, weil er sich kennt. So springt er in sein Wasser, so gewinnt er seine Heiterkeit.

206

진보는 '자연으로 돌아가는 것'을 의미한다. 원래는 돌아가는 것이 아니라 올라가는 것이었지만 말이다. 높으면서도 자유롭고 어떨 때는 경악스럽기까지 한 자연과 자연성으로 올라가는 것! 크나큰 과제와 더불어 즐거움이 허락된 자연과 자연성으로 올라가는 것!

-『우상의 황혼』

Auch ich rede von „Rückkehr zur Natur", obwohl es eigentlich nicht ein Zurückgehn, sondern ein Hinaufkommen ist — hinauf in die hohe, freie, selbst furchtbare Natur und Natürlichkeit, eine solche, die mit grossen Aufgaben spielt, spielen darf. *Um es im Gleichniss zu sagen: Napoleon war ein Stück „Rückkehr zur Natur", so wie ich sie verstehe (zum Beispiel in rebus tacticis, noch mehr, wie die Militärs wissen, im Strategischen).*

207

영혼의 파일럿이여! 가장 머나먼 곳까지 날아가는 모든 용감한 새들이여! 분명 이들은 언젠가 더는 날아갈 수 없게 되어 쓸쓸한 절벽이나 돛 따위에 추락하고 말 것이다. (…) 새들은 더욱 멀리 날아갈 것이다! 우리의 통찰과 신념은 이러한 새들과 경쟁하며 멀고도 높이 날아가고, 곧 우리는 무력감을 넘어 더욱 높은 곳으로 올라가 먼 데를 바라보고, 훨씬 더 강한 새들의 무리를 바라본다. 이 새들은 우리가 좇은 곳, 모두 바다, 바다, 바다로 날아가고 있다!

– 『아침놀』

Diese unsere Einsicht und Gläubigkeit fliegt mit ihnen um die Wette hinaus und hinauf, sie steigt geradewegs über unserm Haupte und über seiner Ohnmacht in die Höhe und sieht von dort aus in die Ferne, sieht die Schaaren viel mächtigerer Vögel, als wir sind, voraus, die dahin streben werden, wohin wir strebten, und wo Alles noch Meer, Meer, Meer ist!

208

우리가 학습한 것들, 우리 내부에 뿌리를 내려 주변 사람들이나 출중한 사람들이 진리라고 말하는 것들, 사람의 마음을 편안하게 해 주는 것들. 이를 진리라고 단순하게 수용하는 것이 힘든 일일까? 정신의 독립 과정에서 오는 위험 속에서 용기가 좌절되고 양심이 흔들려도 항상 진리, 미, 선을 위해 관습과 싸우면서 새로운 길을 개척하는 것보다 더 힘든 일일까?

–「동생 엘리자베스에게 보낸 편지(1865. 5. 11.)」

Was außerdem auch wirklich den Menschen tröstet und erhebt, das alles einfach anzunehmen, ist das schwerer, als im Kampf mit Gewöhnung, in der Unsicherheit des selbständigen Gehens, unter häufigen Schwankungen des Gemüths, ja des Gewissens, oft trostlos, aber immer mit dem ewigen Ziel des Wahren, des Schönen, des Guten neue Bahnen zu gehn?

209

단 한 번의 춤도 추지 않은 날은 잃어버린 날로 간주하자. 또한 단 하나의 웃음을 수반하지 않는 진리는 전부 거짓으로 보자.

-『차라투스트라는 이렇게 말했다』

니체가 강조한 '춤'과 '웃음'이란?

니체는 자신의 저서를 통해 '춤'과 '웃음'을 자주 강조했다. 여기서 춤은 흥에 겨워 팔다리와 몸을 리듬에 맞춰 움직이는 것뿐만 아니라 인간의 본능을 표출하고 억압된 감정을 해방시키는 모든 행위를 가리킨다. 니체는『차라투스트라는 이렇게 말했다』에서 위에 소개한 것처럼 "단 한 번의 춤도 추지 않은 날은 잃어버린 날로 간주하자. 또한 단 하나의 웃음을 수반하지 않는 진리는 전부 거짓으로 보자."라고 말했다. 니체는 가장 인간다운 모습을 천진난만한 어린아이에게서 찾을 수 있다고 보았다. 어린아이처럼 웃고 춤춘다는 것은 자기 자신을 극복하고 삶을 절대적으로 긍정했다는 것이다. 따라서 니체가 말하는, 춤추고 웃음을 짓는 행위는 삶에 대한 긍정에서 비롯된 열정과 힘의 표출이다.

210

우리는 어릴 적부터 통념과 선입견에 사로잡히게 된다. 그 시절에 각인된 어떤 이미지 때문에 정신이 발전하지 못하고, 하나의 종교에 치우치는 바람에 시대적 요구에 따라 자유로운 관점을 가지려 할 때마다 죄책감을 느낀다.

–『운명과 역사』

Aber so, von unsern ersten Tagen an eingeengt in das Joch der Gewohnheit und der Vorurtheile, durch die Eindrücke unsrer Kindheit in der natürlichen Entwicklung unsers Geistes gehemmt und in der Bildung unsres Temperaments bestimmt, glauben wir es fast als Vergehn betrachten zu müssen, wenn wir einen freieren Standpunkt wählen, um von da aus ein unparteiisches und der Zeit angemessenes Urtheil über Religion und Christentum fällen zu können.

211

사상가는 몇 가지 부류로 나뉜다.

첫째, 현상만 보는 사상가다.

둘째, 깊이가 있는 사상가다. 이들은 현상 이면의 깊은 곳까지 들여다본다.

셋째, 현상의 본질을 철저하게 파고드는 사상가다. 본질을 파고드는 것은 현상 이면의 깊은 곳까지 들여다보는 것보다 훨씬 가치 있는 일이다.

넷째, 시궁창에 머리를 박는 사상가다. 깊이나 철저함과는 전혀 상관없다. 이들은 사랑스러운 지하 생활자다.

-『아침놀』

Es giebt erstens oberflächliche Denker, zweitens tiefe Denker — solche, welche in die Tiefe einer Sache gehen —, drittens gründliche Denker, die einer Sache auf den Grund gehen, — was sehr viel mehr werth ist, als nur in ihre Tiefe hinabsteigen!

212

정중한 대답 이후에 나의 철학은 나에게 침묵하고 더 이상 질문하지 말라고 충고한다. 특히 어떤 경우에는 충고가 알려 주듯이 침묵을 통해 철학자로 남을 수 있기 때문이다.

-『인간적인, 너무나 인간적인』

Es wendet sich an Menschen ohne die Drangsal grober Pflichten, es will feine und verwöhnte Sinne, es hat Ueberfluss nöthig, Ueberfluss an Zeit, an Helligkeit des Himmels und Herzens, an otium im verwegensten Sinne: — lauter gute Dinge, die wir Deutschen von Heute nicht haben und also auch nicht geben können." — ***Nach einer so artigen Antwort räth mir meine Philosophie, zu schweigen und nicht mehr weiter zu fragen; zumal man in gewissen Fällen, wie das Sprüchwort andeutet, nur dadurch Philosoph bleibt, dass man — schweigt.***

213

아, 차라투스트라여. 당신의 짐승들은 당신이 어떤 존재인지, 그리고 어떤 존재여야 하는지 올바로 알고 있다. 당신은 영원 회귀 사상을 가르치는 선생이다! 이것이 당신이 받아들여야 할 운명이다!

-『차라투스트라는 이렇게 말했다』

Denn deine Thiere wissen es wohl, oh Zarathustra, wer du bist und werden musst: siehe, du bist der Lehrer der ewigen Wiederkunft —, das ist nun dein Schicksal! *Dass du als der Erste diese Lehre lehren musst, — wie sollte diess grosse Schicksal nicht auch deine grösste Gefahr und Krankheit sein! Siehe, wir wissen, was du lehrst: dass alle Dinge ewig wiederkehren und wir selber mit, und dass wir schon ewige Male dagewesen sind, und alle Dinge mit uns. Du lehrst, dass es ein grosses Jahr des Werdens giebt, ein Ungeheuer von grossem Jahre.*

214

질스마리아

이곳에 앉아 고대하고, 또 고대한다 — 그러나 무(無)를 고대한다.

나는 선과 악의 맞은편에서, 햇볕을 즐기고

그늘을 즐기며, 혹은 그저

아무 목적도 없이 호수와 한낮과 이 순간을 즐긴다.

갑자기, 저편에서, 여자 친구가 온다! 둘은 하나가 된다 —

— 이윽고 차라투스트라가 나를 지나친다.

-『즐거운 학문』

Hier sass ich, wartend, wartend, — doch auf Nichts, Jenseits von Gut und Böse, bald des Lichts Geniessend, bald des Schattens, ganz nur Spiel, Ganz See, ganz Mittag, ganz Zeit ohne Ziel.

215

수(數)의 법칙은 같은 사물이 존재한다는 오류를 기반에 두고 있다. 하지만 만약 자연에 명확한 직선, 참된 원, 크기의 절대적 표준이 존재하지 않았다는 것이 알려졌다면 애초에 수학은 만들어질 수 없었을 것이다.

– 『인간적인, 너무나 인간적인』

Auch die Logik beruht auf Voraussetzungen, denen Nichts in der wirklichen Welt entspricht, z.B. auf der Voraussetzung der Gleichheit von Dingen, der Identität des selben Dinges in verschiedenen Puncten der Zeit: aber jene Wissenschaft entstand durch den entgegengesetzten Glauben (dass es dergleichen in der wirklichen Welt allerdings gebe). ***Ebenso steht es mit der Mathematik, welche gewiss nicht entstanden wäre, wenn man von Anfang an gewusst hätte, dass es in der Natur keine exact gerade Linie, keinen wirklichen Kreis, kein absolutes Grössenmaass gebe.***

216

비도덕적이라 불리는 많은 행동은 피하고 정복해야 하며, 도덕적이라 불리는 많은 행동은 행하고 권장해야 한다. 하지만 나는 이러한 것들이 지금과는 다른 근거들을 기반으로 행해져야 한다고 생각한다. 우리는 이제 다르게 학습해야 한다. 너무나 오랜 시간이 흐른 뒤일지도 모르겠지만, 더 많은 것에 다다르기 위해서는 결국 다르게 느껴야만 하기 때문이다.

–『아침놀』

Ich leugne also die Sittlichkeit wie ich die Alchymie leugne, das heisst, ich leugne ihre Voraussetzungen: nicht aber, dass es Alchymisten gegeben hat, welche an diese Voraussetzungen glaubten und auf sie hin handelten. — Ich leugne auch die Unsittlichkeit: nicht, dass zahllose Menschen sich unsittlich fühlen, sondern dass es einen Grund in der Wahrheit giebt, sich so zu fühlen.

217

'크리스천(Christian)'이라는 말은 일종의 오해다. 그동안 진정한 크리스천은 딱 한 명이었다. 그는 십자가에서 죽었다. 그렇게 '복음'은 십자가에서 죽고 말았다.

-『안티크리스트』

수동적 허무주의 vs. 능동적 허무주의

니체는 '신의 죽음'을 외치며 인간을 억압하는 모든 것을 철저히 부정했다. 그는 도덕, 권위, 진리, 종교 등에 얽매이면 인간의 고유한 능력을 끌어낼 수 없다고 생각했다. 그래서 허무주의자(니힐리스트)라는 비판을 받았다. 하지만 니체는 누구보다도 인간이 지닌 잠재력과 가능성을 믿었고, 인간을 긍정적으로 생각했다. 그는 『권력에의 의지』에서 허무주의를 두 가지로 나누어 설명했다. 하나는 자신을 더 나은 존재로 만들려는 의지조차 없는 '수동적 허무주의'이고, 다른 하나는 허무한 현실을 넘어 새로운 가치를 창조하고자 하는 '능동적 허무주의'다. 니체는 수동적 허무주의를 경계하고 이를 극복하려면 '힘에의 의지'를 가져야 한다고 주장했다. 이런 면에서 보면 니체는 능동적 허무주의자라고 할 수 있다.

218

영원 회귀에 관한, 다시 말해 무한하고도 맹목적으로 반복되는 모든 부류의 순환에 관한 가르침. 차라투스트라가 가르쳤던 것은 어쩌면 헤라클레이토스가 앞서 가르쳤을 수도 있다. 그에게서 대부분의 중심 사상을 물려받은 스토아학파는 적어도 그런 자취를 지니고 있다.

– 『선악의 저편』

Darin muss ich unter allen Umständen das mir Verwandteste anerkennen, was bisher gedacht worden ist. ***Die Lehre von der „ewigen Wiederkunft", das heisst vom unbedingten und unendlich wiederholten Kreislauf aller Dinge — diese Lehre Zarathustra's könnte zuletzt auch schon von Heraklit gelehrt worden sein. Zum Mindesten hat die Stoa, die fast alle ihre grundsätzlichen Vorstellungen von Heraklit geerbt hat, Spuren davon.***

219

나는 역시 매우 철두철미하게 기다리는 방법을 익혔다. 하지만 나 자신을 기다리는 방법을 익혔을 뿐이다. 나는 우선 서고, 걷고, 달리고, 뛰어오르고, 기어오르고, 춤추는 방법을 익혔다. 날아오르고자 하는 자는 먼저 서고, 걷고, 달리고, 뛰어오르고, 기어오르고, 춤추는 방법부터 익혀야 한다. 처음부터 날아오르는 방법을 알 수는 없다! 이것이 나의 가르침이다.

– 『차라투스트라는 이렇게 말했다』

Wahrlich, ich lernte das Warten auch und von Grund aus, — aber nur das Warten auf mich. Und über Allem lernte ich stehn und gehn und laufen und springen und klettern und tanzen. Das ist aber meine Lehre: wer einst fliegen lernen will, der muss erst stehn und gehn und laufen und klettern und tanzen lernen: — man erfliegt das Fliegen nicht!

220

애원

나는 어떤 사람들의 마음을 알고 있다.
하지만 나 자신이 누구인지는 모른다.
나의 눈은 나를 향해서는 닫혀 있다시피 하다.
나는 내가 보는 것, 내가 보았던 것이 아니다.
내가 나 자신으로부터 더 멀리 앉을 수 있다면
더욱 나아졌을 것이다.
하지만 적만큼 멀지 않은 곳에 있다!
친구는 이미 너무 먼 곳에 있다.
하지만 친구와 나 사이의 중간!
당신들은 내가 애원하는 것이 무엇인지 알까?

-『즐거운 학문』

Ich bin nicht, was ich seh und sah. Ich wollte mir schon besser nützen, Könnt' ich mir selber ferner sitzen.

221

어떤 새로운 것을 처음 보는 것이 아니라 이미 구닥다리로 치부되었던 것, 사람들이 익히 알기 때문에 흔하다고 판단하는 것, 대다수 사람이 충분히 가지고 있다는 생각 때문에 간과해 버리고 마는 것을 아예 새로운 창조물인 것처럼 바라보는 자가 창의적인 사람이다.

-『인간적인, 너무나 인간적인』

Nicht dass man etwas Neues zuerst sieht, sondern dass man das Alte, Altbekannte, von Jedermann Gesehene und Uebersehene wie neu sieht, zeichnet die eigentlich originalen Köpfe aus. *Der erste Entdecker ist gemeinhin jener ganz gewöhnliche und geistlose Phantast — der Zufall. Der Philosoph glaubt, der Werth seiner Philosophie liege im Ganzen, im Bau.*

222

Der kürzeste Weg ist nicht der möglichst gerade, sondern der, bei welchem die günstigsten Winde unsere Segel schwellen: so sagt die Lehre der Schifffahrer. Ihr nicht zu folgen heisst obstinat sein: die Festigkeit des Charakters ist da durch Dummheit verunreinigt. Im Augenblick, wo einer seine Differenz der Lehrmeinung in Hinsicht auf einen berühmten Parteiführer oder Lehrer öffentlich zu erkennen giebt, glaubt alle Welt, er müsse ihm gram sein.

현실에서의 최단 거리는 직선이 아니라 가장 적당히 부는 바람이 돛을 부풀려 이끄는 항로다. 이것은 뱃사람들이 말한 교훈이다. 이 교훈에 따르지 않으면 완고하다고 말한다. 그곳에서는 확고한 성품이 어리석음에 의해 더럽혀져 있다.

– 『인간적인, 너무나 인간적인』

223

나는 예전에 이 높은 산들이 어디에서 왔는지 궁금한 적이 있었다. 그때 바다 깊숙한 곳에서부터 산들이 솟아올랐다는 사실을 알게 되었다. 산에 있는 암석이나 정상의 암벽에 그 흔적이 남아 있기 때문이다! 끝없이 깊은 심연에서 끝없이 높은 곳까지 올라온 것이다.

-『차라투스트라는 이렇게 말했다』

Woher kommen die höchsten Berge? so fragte ich einst. Da lernte ich, dass sie aus dem Meere kommen. Diess Zeugniss ist in ihr Gestein geschrieben und in die Wände ihrer Gipfel. Aus dem Tiefsten muss das Höchste zu seiner Höhe kommen. *— Also sprach Zarathustra auf der Spitze des Berges, wo es kalt war; als er aber in die Nähe des Meeres kam und zuletzt allein unter den Klippen stand, da war er unterwegs müde geworden und sehnsüchtiger als noch zuvor.*

224

이토록 생기 있는 허위의 새들아.

떼를 지어 날아다니는 너희들은 사랑을 위해,

또한 아름다운 소일거리를 위해 만들어지지 않았는가?

북국에서, 망설이다 고백하건대

나는 늙은 여인을 몸서리치도록 사랑했다.

그 늙은 여인은 '진리'라고 불렸지.

-『즐거운 학문』

Zu neuem Leben, neuem Spiel. Einsam zu denken nenn' ich weise, Doch einsam singen — wäre dumm! So hört ein Lied zu eurem Preise Und setzt euch still um mich im Kreise, Ihr schlimmen Vögelchen, herum! ***So jung, so falsch, so umgetrieben Scheint ganz ihr mir gemacht zum Lieben Und jedem schönen Zeitvertreib? Im Norden — ich gesteh's mit Zaudern — Liebt' ich ein Weibchen, alt zum Schaudern: „Die Wahrheit" hiess dies alte Weib.***

225

진실에 위험한 적은 거짓이 아니다. 그것은 다름 아닌 확신이다.

-『인간적인, 너무나 인간적인』

니체는 왜 '망치를 든 철학자'라고 불릴까?

니체는 기존의 가치 체계를 철저히 깨부수려 했다. 그는 19세기 당시 서구 문명이 심각하게 병들어 있다고 진단했다. 오래전에 시작된 병세가 자신이 살던 시대에 최악의 상태에 달했다고 본 것이다. 니체는 병의 원인을 서구 문명의 뿌리인 기독교 문화와 그리스 문화(플라톤주의)라고 지적했다. 기독교는 '천국'을, 플라톤주의는 '이데아'를 추구하라고 가르치지만, 니체가 보기에 이것은 피안의 세계를 동경해 현실의 삶을 부정하게 만들거나 인간의 의지를 나약하게 하는 것에 불과했다. 근대인들이 추구하는 '이성'도 '천국'과 '이데아'의 세속화 버전에 지나지 않았다. 니체는 자신의 철학을 '망치'로 삼아 기존 질서를 깨부수었고, 동시대인들에게 나만의 삶의 기준을 세우고 나만의 세계를 창조하며 살아가라고 강조했다.

226

나는 글 중에서 피로 쓰인 것만을 사랑한다. 피로 쓰라. 그렇게 하면 당신은 피가 곧 정신임을 깨닫게 될 것이다. (···) 어느 때 정신은 신이었지만 그다음에는 인간이 되었고, 결국 지금은 천민이 되었다. 피와 잠언으로 쓰는 사람은 단지 읽히기를 바라지 않고 입으로 외기를 바란다.

–『차라투스트라는 이렇게 말했다』

Von allem Geschriebenen liebe ich nur Das, was Einer mit seinem Blute schreibt. Schreibe mit Blut: und du wirst erfahren, dass Blut Geist ist. (···) Einst war der Geist Gott, dann wurde er zum Menschen und jetzt wird er gar noch Pöbel. Wer in Blut und Sprüchen schreibt, der will nicht gelesen, sondern auswendig gelernt werden.

227

참된 탐구자는 자신의 물음이 일으킬 결과에 상관없이 질문할 수 있는 사람이지 않을까? 그들은 우리가 물음을 던질 때 휴식과 평안, 행복을 찾기 위해서가 아니라 오직 진실, 설령 그것이 극도로 흉악하고 불편을 일으킬지언정 오직 진실을 바라기 때문이다.

–「동생 엘리자베스에게 보낸 편지(1865. 6. 11.)」

Aber immer mit dem ewigen Ziel des Wahren, des Schönen, des Guten neue Bahnen zu gehn? Kommt es denn darauf an, die Anschauung über Gott, Welt und Versöhnung zu bekommen, ***bei der man sich am bequemsten befindet, ist nicht viel mehr für den wahren Forscher das Resultat seiner Forschung geradezu etwas Gleichgültiges? Suchen wir denn bei unserem Forschen Ruhe, Friede, Glück? Nein, nur die Wahrheit, und wäre sie höchst abschreckend und häßlich.***

PART 8에서 여러분의 마음을 움직인 문장이나 구절을 적어 보세요. 그리고 '니체의 생각'에 이어 '여러분의 생각'도 덧붙여 보세요.

PART 8 인생이 나지막하게 들려주는 속삭임